青春期的大脑

10多岁的孩子是怎么想的？

[韩] 金朋年◎著　　朴美阳◎译

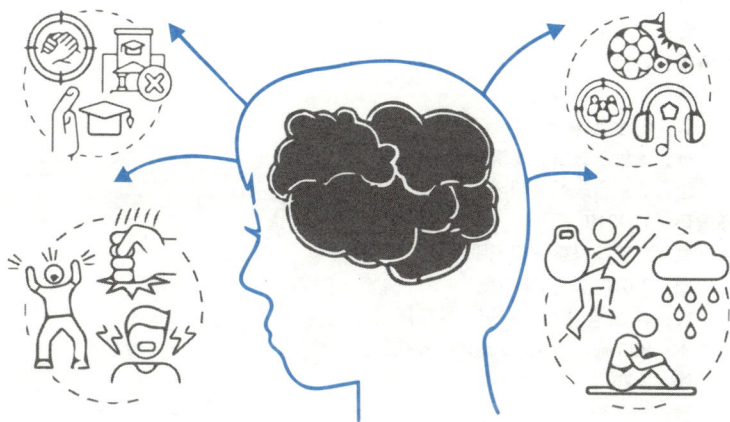

人民东方出版传媒
People's Oriental Publishing & Media

东方出版社
The Oriental Press

图字：01-2022-3215

10대 놀라운 뇌 불안한 뇌 아픈 뇌
Copyright © 2021, Kim, Bung-Nyun
All Rights Reserved.
This Simplified Chinese edition was published by The Peoples Oriental Publishing & Media
Co., Ltd. in 2023 by arrangement with DAESUNG CO., LTD. through Arui SHIN Agency
&Qiantaiyang Cultural Development (Beijing) Co., Ltd..

图书在版编目（ＣＩＰ）数据

青春期的大脑：10多岁的孩子是怎么想的？ /（韩）金朋年著；朴美阳译. —
北京：东方出版社，2023.1
书名原文：The adolescent brain
ISBN 978-7-5207-3020-4

Ⅰ.①青… Ⅱ.①金…②朴… Ⅲ.①青春期—家庭教育 Ⅳ.① G782

中国版本图书馆 CIP 数据核字（2022）第 191036 号

青春期的大脑：10 多岁的孩子是怎么想的?
（QINGCHUNQI DE DANAO：10DUOSUI DE HAIZI SHI ZENME XIANG DE？）

作　　者：	[韩]金朋年	
译　　者：	朴美阳	
策划编辑：	鲁艳芳	
责任编辑：	金　琪　鲁艳芳	
出　　版：	東方出版社	
发　　行：	人民东方出版传媒有限公司	
地　　址：	北京市东城区朝阳门内大街 166 号	
邮政编码：	100010	
印　　刷：	北京联兴盛业印刷股份有限公司	
版　　次：	2023 年 1 月第 1 版	
印　　次：	2023 年 1 月北京第 1 次印刷	
开　　本：	880 毫米 ×1230 毫米　1/32	
印　　张：	9.25	
字　　数：	183 千字	
书　　号：	ISBN 978-7-5207-3020-4	
定　　价：	56.00 元	
发行电话：	（010）85924663　85924644　85924641	

版权所有，违者必究
如有印装质量问题，请拨打电话：（010）85924725

人生中最有活力
又最为脆弱的青春期的大脑

当我在撰写有关"青春期的大脑发育和精神健康"的文章时，不由得回忆起在医院工作时遇到的那些青少年患者们，以及我自己的青少年时期。

1992 年，我刚从医学院毕业，正式成为一名精神科医生。他是我遇到的第一名青少年患者，一个患有躁郁症的高中生。当时我已经成功治愈了许多成年躁郁症患者，所以充满自信。但这位 10 多岁的孩子的症状非常特别，狂躁（情绪高涨）与抑郁（情绪低落）只在一线之隔，截然相反的症状会在一周内反复出现 2~3 次：周一、周二、周三表现得像是超级英雄、宇宙之王一般，而到了周四、周五、周六则像个被全世界抛弃的人一样，情绪变化幅度与速度都非常惊人。

这使得我开始关注并研究青少年的精神健康问题。其实，躁郁症的情况并不都像这个青少年患者一样，但青少年时期的精神健康问题都呈现动态变化特征。这是因为青春期的发育过程总是动态变化着的。

有这样一对父母，他们的孩子非常健康，学习成绩十分优秀。孩子从小学开始一直到升入高中前一直都是他人眼中的"模范生"，从未违背过父母的意愿。他从小的梦想就是考入法学院，成为像父亲一样的律师。但就在刚刚升入高一的那年，他突然说要开始做嘻哈音乐。他认为这个世界荒谬又可笑，只有嘻哈音乐才能有效排解他这种愤怒的情绪。

这对父母对于孩子选择这条路感到有些不安，因为家族中并无任何有音乐方面才能的人，也担心自家孩子是不是因为交了奇怪的朋友才变成这样。他们担心孩子选择这条路并不是因为拥有这方面的才能，而是单纯为了表达内心暂时的愤怒与不满，怕他会因此错过学习的最佳时期。这件事对孩子的父母来说确实有些突然，但考虑到孩子的心情，他们还是以继续坚持学业为条件，暂时同意他选择这条路。

另一个家庭的情况完全不同。他们家的老三从小就不让人省心。小学的时候，因为害怕上学，所以一个多月没去上学。小学四年级时又因为被同学们孤立而转学。他的父母一直都担心他会惧怕交友，甚至厌恶交友。

然而，中学后事情发生了转机。偶然间，他在父亲的书房里读到诗人奇亨度先生的诗作。年幼的他被诗句特有的韵律和情感深深打动，决心开始学习写诗。担任班主任的语文老师发现了他在这方面的才能，一直鼓励他，支持他。若干年后，这个孩子成为一名诗人，用他细腻的语言描述着当代人的不安与孤独。

最后，是关于我自己的情况。我在上小学的时候，是个不太机灵的孩子，理解能力比较差。记得有段时间总是搞不懂数学的除法运算。由于母亲是理科生，原本她想亲自教导我的，但很快她还是选择放弃，决定让我去参加课外补习班。据说是在教导我的过程中，她总是控制不住自己的怒火，所以她觉得不能再这样继续下去了。在学校，老师们都很喜欢我，认为我是个踏实有趣的孩子，但从未有人用"聪慧机灵"来评价我。这样的我在初中分班考试（即升入初中后的第一次考试）中竟意外地获得了第一名（全校哦）。可能是因为考试中出现了很多我学过的知识吧，这样看来我的运气还不错。

从那以后，随着自信心的增强，我的脑子仿佛开窍了一般，只要是学过的内容就都会在脑海中留下印记，数学和科学课程变得格外有趣，理解起来也事半功倍。小学六年级时妈妈为了防止自己生气，让我参加的课外补习，初中第一次考试时获得的第一名，都是让我发生变化的重要转折点，从那时起我开始正视自己，坚信自己也能做得很好。

不论是健康的青少年，还是患有精神疾病的青少年，在这个时期总是这样地变化莫测。青春期正是充满变化和曲折的时期，可能通过某个机会，孩子的人生就会发生翻天覆地的改变。过去，人们通常会用"心理变化"或"确立自我定位"等来描述这些变化中的青少年。但当我们剥下外壳，剖析内里就会发现其中蕴含着大脑的变化。虽然人类研究大脑变化的历史还很短暂，但还是获得了许多非常有意义的研究成果。

并不是所有的大脑变化都是朝着好的方向发展的。神经系统发育异常导致的精神疾病并不少见。因此，青少年时期的大脑变化有时也会引发精神健康方面的问题或危机。青少年时期可以说是人的一生中最容易患上精神疾病的时期。近些年来，精神健康医学研究领域中探究青春期发病原理的研究越来越多了。

不管怎样，我总是在想象，有那么一群小孩子在一大块麦田里做游戏。几千几万个小孩子，附近没有一个大人，除了我。我呢，就站在一道破悬崖边上。我要做的就是抓住每个跑向悬崖的孩子。因为孩子们狂奔的时候总是不辨方向的，所以我一定要出现在那里，紧紧抓住他们。我整天就干这一件事，就像麦田里的守望者一样。

——杰罗姆·大卫·塞林格《麦田里的守望者》

我认为父母在养育子女时需要扮演的一个重要角色就是"守望者"。

每当看到承受着青春期痛苦的青少年时，我都希望这本书能帮助他们的父母更早意识到他们的痛苦，鼓励他们，支持他们安全、健康地度过大脑巨变期。

莲建洞研究室中

金朋年

目录 / Contents

Part 2

10 多岁的大脑就如同地壳变动，充满发生剧变的可能性

01. 大脑发育的爆发期，人生中的第二次机会

02. 睾酮，一种触碰恐惧和焦虑的大脑领域的雄性激素

03. 10 多岁大脑的"越轨"——我的孩子变得很不一样

Part 3

我的孩子变得有些陌生了——奇怪的大脑，受伤的大脑

Part 1

大脑的发育剧变期：第一次是在 0~3 岁，
第二次则在 10 多岁的时候

01 第一次剧变期顺利发育的大脑 支撑着"青春期的大脑"

○ 婴幼儿期应该完成的三大发育任务

"我现在就开始担心孩子的青春期该怎么办了。我周围有孩子已经进入青春期的父母跟我说，让我一定提前做好思想准备。可是该准备什么呢? 有没有什么办法，可以让父母们在孩子青春期时，不那么焦虑，还能帮助孩子平稳度过青春期呢? "

很多父母经常向我咨询有关孩子青春期的问题。虽然大家担心的问题各不相同，但都有一个共同心愿，那就是"希望孩子能平稳度过青春期，成为一个独立成熟的大人"。

我的主要工作是青少年心理沟通。我会与不同年龄段的孩子接触，了解他们成长过程中所经历的心理变化，理解他们的情绪，接纳并认同他们的思想。在接触了很多孩子以后，我想给孩子处于青春期的父母提两点建议：第一，处于青春期的孩子，出现"好像变得不一样了"或者"看起来有些奇怪"等状态，都是正常现象。如果父母能够提前学习"10多岁的孩子都在想些什么"，就能比较好地理解和帮助孩子顺利度过青春期。

第二，为了帮助孩子顺利度过青春期，父母必须从婴幼儿时期就开始关注孩子的大脑发育。新生儿十分弱小，但他们会通过完成不同年龄段的"发育任务"逐渐长大。按时吃饭，按时睡觉，好好消化，好好走路，尽情奔跑，尽情玩耍，努力学习说话，努力社交，这些都是婴幼儿时期的"任务"。所有与身体、语言、情绪、社交相关的成长都意味着大脑的发育。一个人只有在婴幼儿时期大脑得到充分发育，青少年时期的"任务"以及成年后的"任务"才能依次进行。

虽然身体发育很重要，但情绪与心理状态也同样重要。父母需要好好了解孩子的情绪与心理状态，才能更好爱护和引导孩子。身体发育是肉眼可见的，能够测量的；而情绪与心理状态却很难测定。很多父母都对其重要性不甚了解，所以才会忽视这一点。大家都非常关心与学习成绩相关的智力发育与语言发育，但遗憾的是，对孩子情绪的关注度却总是有所不足。

在第一部分中我们将讨论婴幼儿时期的大脑发育。我希望可以通过介绍这一时期的成长任务，以及大脑发育相关的基础知识，来引导广大父母们好好帮孩子度过婴幼儿时期。如果你的孩子已经进入青春期了，那么你也可以对照着查漏补缺，看看你在孩子的婴幼儿时期是否有哪些方面做得不够好。我们还将讨论作为父母应该如何安抚孩子的情绪，给孩子以心理疏导等帮助。

从不同年龄阶段来观察孩子的情绪与心理状态可知：0~3岁正是对父母产生依恋的阶段，孩子会逐步建立、积累对父母和世界的信赖。1岁的孩子，会学着自己爬来爬去，会开始学习走路，他们的活动半径逐渐扩大，还会慢慢形成自主意识。2岁开始，孩子会产生一种追求自由的欲望，想要去做自己想做的事情。这个阶段的孩子会通过不断挑战建立自我主导意识。3岁开始，孩子可以通过语言表达自己的需求与感情，他们的自我调节能力开始趋于稳定。

总而言之，在婴幼儿期以及少儿期，情绪与心理发育所要完成的任务可以分为三大类，即建立依恋关系、培养社交能力和自我调节能力。只有顺利完成这些任务，孩子才能健康度过青少年期。在第一部分中我们将逐一介绍这三个任务，同时也会对"大脑发育相关因素"和"对大脑发育产生影响的环境因素"进行总结。

孩子在某方面的能力是天生的呢，还是后天培养出来的呢？其实两者兼有。如果孩子天生就在某方面具备优良的天赋，但没有生长于适宜的环境，也没有接受相应的训练，就很难展现其过人之处；与此相反，即便孩子在某些方面的天赋稍有不足，只要培养得当，他就能通过自我完善获得后天培养出来的能力。父母作为为子女创造环境的最重要"外援"，应该主动学习"环境影响"和"大脑发育"相关的课题。

读过育儿书的父母应该都知道，"气质（temperament）"和"依恋（attachment）"对孩子的重要性。关于"气质"，遗传占据着重要地位；而"依恋关系"则与父母息息相关，它会随着成长环境发生变化。对于那些脾气暴躁或具有攻击性的孩子来说，如果成长环境民主和睦，父母关爱孩子态度温和，那么孩子的攻击性就会降低许多。而对于天性温和、腼腆内向的孩子，在提供适当的成长环境和培养方式的情况下，他们也不会那么忸怩怕生，也能够掌握与陌生人相处的技巧，学会更好地表现自己。

而关于依恋关系，它很大程度上取决于两个特质，即"一致性"与"稳定性"。当父母能够一直保持情绪上的稳定，积极对孩子表达爱与支持，就能够和孩子建立"安全型依恋（secure attachment）"。如果父母对待孩子的态度随着情绪起伏前后不一，孩子就会与父母形成"回避型依恋（avoidant attachment）"。如果父母无法控制情绪，一直表现得易怒烦躁，孩子就会与父母形成一种"拒绝型依恋（resistant attachment）"。

"气质"和"依恋"是塑造孩子性格的最主要因素。

性格是一个人固有的脾气秉性。它包括：对特定状况给出的反馈，解决问题的态度，对待他人维系关系的社交行为等。了解自家孩子的思考模式（"脑回路"），就可以针对孩子的性格提供相应的培养环境，制造"安全型依恋"。虽然遗传基因已不可改变，但我们可以通过提供适宜的环境来满足形成"安全型依恋"条件。

○ 人在出生时，大脑神经网络的发育只进行到三分之一

你见过刚出生的小牛吗？小牛在刚出生几分钟后就能学会走路，是不是很神奇？小牛出生后，母牛一般都会认真地舔舐着小牛。而在母牛的精心照料下，小牛会晃晃悠悠地蹒跚学步，还会自己去找妈妈喝奶。这是因为他们生来就带着求生的本能。

然而，作为万物灵长的人类却生来脆弱，没有抚养者的帮助，人类婴儿什么都做不了，甚至连大脑神经网络的基本功能都还没有发育完全，需得随着成长过程不断完善。人类婴儿需要母亲的哺乳；需要花费很长时间才能学会走路；需要通过与父母的互动和对话，慢慢学习语言，从一个非常渺小脆弱的存在成长为一个完整的人。显而易见，环境因素占据着多么重要的地位。

如果你观察过一个孩子在 0~3 岁时的发育过程，你可能会非常惊讶地发现：纵观整个人生过程，这个时期的发育速度是最快的。之前还在"匍匐前进"的孩子，没过多久就能学会走路、奔跑；从牙牙学语到能够说出具备基本语法结构的完整语句，似乎也没过多长时间。身体和语言的各方面成长都印证着大脑在快速发育着。这个时期的孩子像海绵一样吸收着环境予以的刺激，他们的大脑也随着环境的变化而变化着。这就是大脑最重要的特征——"神经可塑性"。

神经可塑性是指根据环境的刺激和需求改变大脑的结构和功能。我们的大脑通过突触（synapse）连接神经元间的回路，随着环境的变化，突触功能会增强或减弱。神经可塑性会贯穿人的一生。20 世纪 70 年代，人们认为大脑的可塑性只存在于特定时期。但随着各项研究陆续开展，印证了神经在成年期也可再生的猜想，证明了人类大脑在一生中都会不断地发生变化。当然，神经变异和变化的程度在不同的生命周期存在明显差异。0~3 岁是神经可塑性的巅峰时刻。

例如，在婴幼儿期，当大脑的语言中枢受到损伤时，就会发生一种重组现象，会将语言中枢功能转移到大脑的其他未受损领域。如此，在正常状态下，大脑的各部分会按照既定的特定功能运行着，而在不可避免的特殊情况下，也能自动改变连接，帮助恢复受损部分的功能。

但如果在成年后，大脑的语言中枢受到损伤，语言功能恢复的可能性就微乎其微了。这表明儿童的神经可塑性要远优于成年人。像这样影响着神经可塑性的物质，被称为"神经生长因子"。生长因子不能正常工作，神经网络就无法产生新的连接。所以，神经可塑性变化最大的婴幼儿时期和少儿期，可以说是神经可塑性的决定性时期。

因此，我们很有必要了解这个时期孩子的大脑。婴幼儿时期的大脑是由日常生活的琐碎体验积累而成的。我一般称这种变化为"日常奇迹"。孩子出生后的前 36 个月，即婴幼儿时期，正是孩子全方位绝对依赖父母的时期。家长不仅要在身体发育方面，而且要在情绪方面应该适时给予积极的引导。虽然"三岁看老"并不完全正确，但这个时期对人的成长发育还是有着非常重要的意义。

在婴幼儿时期，由抚养者和孩子之间的日常生活积累的刺激和经验形成的"大脑基础"会对青少年时期的大脑发育产生深远的影响。青少年时期的大脑和婴幼儿时期以及成年期的大脑存在较大差异，我会在第二部分中详细介绍这一点。婴幼儿时期的经历会影响"变得很奇怪"的10多岁的大脑。当然，影响不代表起决定性作用。所以，青少年时期有很多谋求变化的机会。

即便你的子女已经度过婴幼儿期（也许目前正处于青少年时期），也应该记住适合婴幼儿期大脑发育的环境。神经可塑性是一辈子的事情，即使过了最佳时期，我们也可以通过补偿性地提供足量的情绪刺激和良好的外部环境，来激发后天性的改变。

神经可塑性对成人也会产生作用。很多人的童年时期都有过或痛苦或快乐的回忆，而神经可塑性能够帮助人们在成年后慢慢消化童年创伤。不过，如果小时候遭受过严重的虐待或长时间反复的伤害，则效果甚微，哪怕成年了，也还是会有比较严重的后遗症。但一定程度的创伤会通过自我愈合逐渐修复，还能起到反哺作用，促使我们变得更加成熟稳重。这就是神经可塑性的力量。

自从精神病学家西格蒙德·弗洛伊德（Sigmund Freud）提出精神分析这一技术以来，后辈学者们整理出了精神疗法这一新方法。通过精神疗法来重塑与创伤记忆相关的情绪、认知反应回路的过程，就是利用了神经可塑性的原理。曾获诺贝尔奖的神经科学家艾瑞克·坎德尔（Eric Kandel）针对神经网络问题中有关"因儿时创伤导致的无意识性自动反应"做了大量研究，经过长时间的努力他终于发现了治愈这种病症的方法。

○ 通过修剪神经元不断发育的大脑

我们人类在出生时大脑只发育了 30% 左右，那么小婴儿是如何继续发育大脑的呢？大脑运作靠的是神经元之间的"连接"，这种连接被称为突触。当视觉、听觉、嗅觉、触觉、味觉五感和空间感，以及个人情绪受到刺激时，受到这些刺激的脑细胞会通过神经递质向其他神经元传递信息。受到的刺激越多，神经元之间的交流就越密集，突触连接网络的强度也会越大。就是通过这些神经元和突触之间的连接构成的巨大网络，得以逐渐发育成功能强大的大脑。

人类无法判断自己会出生在怎样的生存环境之中，所以新生儿的神经元和突触数量是成年人的 1.5 倍。也就是说，我们生来就带着无限可能。孩子通过观察、聆听、品尝、触摸万事万物（情报）产生突触（连接）并逐渐完善某项功能。例如，婴儿刚出生时看不清，这是因为处理视觉的那个大脑结构还没有发育完善。但婴儿这时的眼球运动能力很发达，在不停地东张西望寻找视觉刺激的时候，从而完成视觉发育。

此外，令人惊讶的是，0~3岁孩子的大脑快速发育是通过"突触修剪"来实现的。在孩子的成长过程中，会从连接神经元的突触（是成年人1.5倍）中去除那些自己所处环境并不需要的部分。难道突触不是越多越好吗？对于成长期的儿童大脑发育而言并非越多越好。大脑是一个非常高效的器官，大脑会根据受到的刺激来判断调整哪些功能需要激活，哪些功能需要删除。"带着无限可能出生"是为了让我们在任何环境下都能茁壮成长。"调整步调，把能量集中在受到刺激的部分"是为了专注于强化更加关键的部分。

也许你会问，如果人类的大脑在刚出生的时候就发育完全（100%），而不只是30%的话，岂不是更有效率？但如果人类在刚出生时就"配置完整"，就不会有"无限可能"，也无法适应多变的未来，只能停留在当下（出生时）的水平。而人类的身体构造注定了我们将拥有适应变化与发展的可能性。

大脑的每个部分都对应着不同的功能。虽然各个部位之间都有机地联系在一起，但不同年龄段所"修剪"的神经元会有所不同。位于头颅最外围、头骨内侧的大脑由负责语言、情感、思考的额叶，负责语言、触觉、运动、调节注意力的顶叶，负责听觉和语言的颞叶，以及负责视觉的枕叶构成。在3岁以前，神经元修剪主要发生在额叶之外的三个部分，包括顶叶、颞叶和枕叶。

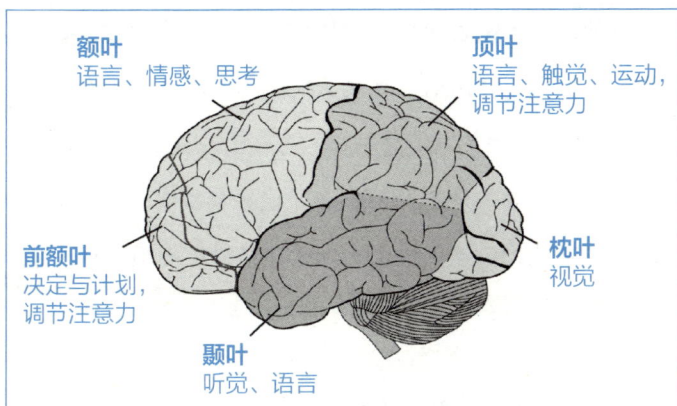

额叶
语言、情感、思考

顶叶
语言、触觉、运动，
调节注意力

前额叶
决定与计划，
调节注意力

枕叶
视觉

颞叶
听觉、语言

【图1-1】大脑的构成

　　这三个部分主要负责人类生存所需的基本调控能力。相较于由额叶负责的智力和认知能力，0~3岁的孩子还是会专注于完善基本调控能力的生理节律——运动、感知能力，以及语言能力的发育。

　　婴幼儿的大脑完成的第一个功能就是生理节律，即入睡和醒来所形成的规律。孩子的身体会建立起一个固定的周期，告诉他什么时候该睡觉，什么时候该起床，这就是大脑形成认知的过程。在这个时期，只有调整好睡眠节奏，才能调节好生理节律，也就是孩子的身体与大脑的状态。

　　第二个功能是运动和感知能力。在这个阶段孩子能够学会包括坐下、站立、走路、跑步、换衣服、大小便在内的所有事情。

　　第三个功能是语言能力。当孩子能够开口说话，就意味着他不仅可以表达自己的想法，还可以调节自己的情绪。我们发现当孩子能够使用语言来表达自己的情感时，他们就会减少撒泼要赖的次数。当他们学会用语言来表达情感时，就会发现沟通比要赖更有效。这也是语言的功能之一。

通过大脑的第一次"修剪"，孩子已经具备离开监护人去幼儿园生活的基本能力。这种程度的修剪在结果层面虽然存在个体差异，但基本都会在 36~48 个月内完成。

○ 婴幼儿期养成习惯的重要性

"氢、氦、锂、铍、硼……"

你还记得初中化学课上背诵的元素周期表吧？那么你还记得他们的顺序吗？虽然很多人都知道"钾"是 K，"钙"是 Ca，但应该很少还有人记得元素为什么要以这样的顺序排布吧。学生时期背了太多次，以至于这些内容深深地刻在了脑海之中，但很多人都不记得这些元素为什么会以这样的顺序出现在元素周期表中。其实这与元素的原子序数有关。

即使神经元之间的突触相互连接，但只要不进行反复的刺激，"高效率的大脑"还是会切断闲置的突触。与之相反，那些不断被使用着的突触会被大脑认为是必要的部分，就会被选择性地强化，这就是"修剪原理"，环境影响下的抉择。我们的思想和行为一般会朝着经常触及的方向发展，就像登山一样，人迹罕至的地方总是被厚厚的植被覆盖着，路途上也大多坑坑洼洼的；而走的人多了，路就变得越来越宽，也越来越平坦了。

婴幼儿时期孩子的身体机能会得到最大程度的发育。之前有提到过睡眠问题，为了在这个时期养成良好的生活习惯，可以引导孩子在规定时间范围内进食、入睡、洗澡、排便，这样也能加快运动、感知、生理节律等机能的发展。另外，这样就相当于在孩子的大脑中植入了日常的生活习惯，哪怕孩子长大了也还是会一直保持健康的生活习惯和生活规律，这是因为我们身体的各种活动都是由大脑控制的。这就是为什么要在孩子婴幼儿时期就要养成良好的睡眠习惯与饮食习惯。

此外，孩子的思考习惯也很重要。这个习惯可以帮助他们顺利度过疾风怒涛般的青少年时期。而这种思考习惯受父母的培养方式以及对父母依恋程度的影响。通过日常生活中与父母的对话，和父母的情感交流，以及父母言传身教的照顾人的方式，孩子能够学会思考的方式，调节情绪的方法，以及日常交流应该采取怎样的态度。根据神经可塑性原理，像海绵一样不断吸收父母经验的孩子，会通过模仿父母的行为，重复着他们在一起经历的种种，来加强神经突触并巩固神经网络。在"父母"这一环境因素的日常重复性影响下，从"修剪"行为中存活下来的突触构成了大脑的基本功能，成为影响我们一生的思考习惯、心理习惯、态度形成的重要基石。

"听说要在孩子小的时候多接触不同环境，才能让他变得更加聪明。所以我每个周末都会带孩子去很多地方。"

如果孩子的大脑是通过不同的刺激逐步发育的，那么相信大多数的父母会很愿意为孩子提供各种不同的环境、玩具和体验。但如果是非常了解修剪原理的父母，应该会对如何给予正向刺激有着更深的体悟。比起陌生的、多样的刺激，在日常生活中持续性地给予孩子更适合自身气质与倾向的刺激，也就是说孩子更喜欢的刺激才是最好的选择。上述内容中最关键的其实就是"适合孩子的刺激"，不是父母喜欢和想要发展的方向，而是孩子喜欢并向往的刺激。

我们将适合于实现某种目的的性质称为"合目的性"。孩子的行为也会带着某种目的性。随着孩子的成长，大脑的各部分都在发育着，而大脑会选择特定的游戏来获得发育所需要的刺激。所以，孩子会在每个发育阶段选择适合自己的游戏，父母只需要在大脑发育时期，为他们提供所需要的环境和道具就可以了。

不过，也有例外。父母不能为 2~4 岁的孩子提供"电子游戏"。这种游戏不同于和父母分享情感、产生肢体接触的亲子游戏，更多的是以手机或电脑为媒介进行操作的游戏。因其画面丰富多彩，极具冲击力与刺激性，会让很多孩子都非常喜欢。但婴幼儿时期就开始接触此类游戏，会让孩子对游戏上瘾，反而失去了更适合自己年龄阶段的、更加丰富多彩的实践活动，更有甚者还可能造成发育问题。所以，父母尤其要注意媒体、视频影像和游戏给孩子带来的刺激。

最好可以根据孩子的发育速度提供适合当前发育阶段的游戏。为了做到这一点，我们需要好好观察孩子，如果孩子有什么特别感兴趣的活动，可以让他反复玩耍，直到他玩够为止。而父母只需要在一旁静静观察就好了。在这个过程当中，父母的职责就是在孩子大脑的各个区域慢慢发育时，适时提供一些帮助，不论是身体发育方面的还是情绪方面的。而当孩子能够将这些任务完成得还不错时，只需要默默准备下个发育阶段中能够帮助孩子继续进步的玩具就可以了。

02 亲子间的依恋关系所维系的 大脑健康

○ 由身体接触产生的幸福激素——催产素

视觉、味觉、触觉、嗅觉和听觉中，哪种"刺激"才能让婴幼儿的大脑产生幸福感呢？吃到可口的食物还是看到漂亮的物品？这些"刺激"都会产生一定的作用，但最能产生幸福感的还是触觉类刺激，即父母和孩子产生肢体接触时。

我们通常会将大脑视为内脏器官之一，但从胚胎学来讲，大脑应该是由类似皮肤的组织发育形成的器官。所以，孩子的大脑会对产生肢体接触的感觉最为敏感。对婴幼儿大脑发育最好的刺激就是和父母的肢体接触。父母温暖而亲切的触碰，会让孩子感到安心和幸福。而且，这也会成为孩子与父母建立依恋关系的第一步。

依恋关系就是基于"爸爸妈妈爱我"，产生"这个世界是值得信赖的""别人也会像爸爸妈妈一样值得信赖"等想法。从父母那里得到充分且稳定的关爱，会成为孩子离开家庭走向社会独立成长的养料。孩子和父母的亲情越牢固，就越有勇气去和他人建立关系。当然，这也有助于提高孩子的社交能力。所以，我们通常认为依恋关系是大脑发育和人性发展的重要因素。

一项针对儿童的研究显示，从小失去父母或遭受虐待的孩子都有一个共同点，那就是依恋障碍。这些孩子要么极易亲近陌生人，不假思索就跟着不认识的人走；要么下意识地回避陌生人，对他人抱有极度的恐惧心理。太容易依赖他人，或因为害怕而逃跑，这种行为上的两极分化，成为依恋障碍的主要体现。研究表明，患有依恋障碍的孩子在正常情况下催产素的激素水平远低于正常儿童，这意味着催产素对依恋关系起着至关重要的作用。从小就患有依恋障碍的孩子，就算被正常家庭领养，得到细心的关爱与照顾，也不会轻易敞开心扉。当然，只要坚持不懈地帮助他们，持之以恒的予以呵护和关爱，并让他们接受长期稳定的治疗，还是有机会慢慢恢复的。

催产素仅在哺乳动物身上发挥作用。所以，有一种假说认为哺乳动物的母性与催产素有关。孩子出生后得到的第一份爱就是来自父母的爱，所以催产素又被认为是幸福激素中最重要的一种。

催产素主要在以下两种情况下分泌。大家可以稍微回想一下与自己频繁产生肢体接触的人，当你与恋人或者伴侣产生肢体接触时，尤其是性高潮时，催产素的释放量会增加，这就是第一种情况。而第二种情况主要发生于父母和孩子之间。母亲诞下孩子，抚育孩子时，特别是生产以及哺乳的过程中其释放量也会增加。这是构成母爱的生物学因素。那么父爱呢？当母亲生下孩子时，父亲的催产素激素会被激活。这种激素激发了父亲的责任感，促使他们积极地承担起抚养孩子的责任。

关于肢体接触的重要性，曾有过一个非常典型的实验。研究人员把刚出生的小猴子和猴子妈妈强行分开，并为小猴子准备了两种不同类型的假妈妈。其中一个是用铁丝绕成的"妈妈"，铁丝妈妈身上有供应牛奶的装置；另一个是用柔软的绒布制成的"妈妈"，但这个绒布妈妈只能通过柔软的触觉提供抚慰，而无法提供牛奶等食物。小猴子究竟会选择哪个"妈妈"呢？该实验中，小猴子最终选择抱住了柔软的绒布妈妈。特别是，当人为施加噪音时，它赖在绒布妈妈身边的时间会加长。除了感到饥饿的时候会暂时跑去喝奶，其余时间都会尽量避开铁丝妈妈。这个实验让我们知道，母亲与孩子之间的"接触"比"食物"更重要。设计并执行这个实验的哈洛博士（Harry Harlow）通过一系列进一步研究提出了一个理论，即"通过接触产生的安全感"对孩子的发育尤为重要。

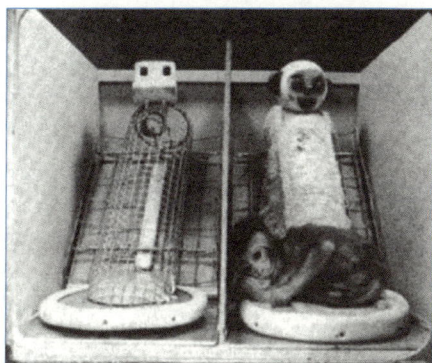

【图1-2】哈洛的恒河猴实验

哈洛博士的研究团队做了进一步实验。这是一个后来备受指责，且非常残忍的实验。在小猴子出生后6个月的时间里，不让它们与母亲接触，将它们彻底孤立起来。6个月后，再把它们放入良好的、正常的环境中。这些小猴子在回到正常的环境后，有很长一段时间都无法从焦虑与惊惧的情绪中恢复过来。这一系列实验证实了身体接触和母婴接触对于婴儿调节情绪和社交能力具有多么重要的意义。

还有一个实验是以人类为对象进行的。那是在13世纪封建君主制时期进行的一场非常原始且暴力的实验。神圣罗马帝国皇帝腓特烈二世把几个孤儿带回家，只给他们提供食物，不让他们进行任何肢体接触和交流。没有进行过任何接触和沟通的孩子都不会说话。最后，他们当中的大部分在少年时期就离开了人世。这是一次非常可怕且毫无人性的实验。当时的历史学家萨利姆（Salimbene di Adam）就这个实验发表了这样的评论——

"没有温暖的呵护，孩子是无法活下去的。"

如果孩子在婴幼儿时期就缺少细心的呵护和充满关爱的抚摸，他们大脑中的边缘系统（包含杏仁体）连接网络可能就会萎缩，而这一系统主要掌管着我们的情感。当边缘系统出现异常时，会损坏人对积极情绪的感知能力，使其无法获得做出积极判断所需要的能量。这会让我们失去建立关系应具备的积极乐观的态度，比如依赖、信赖和自信。而当边缘系统承受压力时，催产素可以帮助我们缓解这种压力，帮助我们缓解消极的情绪，加强对积极情绪的感知能力。

最近有研究表明催产素可以用于治疗大脑发育问题导致的依恋障碍，特别是自闭症谱系障碍。

对于缺乏关爱的孩子来说，这个世界不是一个温暖、舒适、可靠的地方，而是一个孤寂、荒凉、充满敌意的地方，所以他们会表现得非常暴躁或者唯唯诺诺。不能提供持续的关爱会提高孩子青春期抑郁症的发生率。我们对经常抑郁症发病的孩子进行了测试，发现他们的大脑边缘系统大多已经萎缩了。

如果你想让自己的孩子和朋友们和睦相处，想让他成为一个独立的个体，希望他毫无保留地相信自己，希望他安全地度过青春期的危机，那就请毫不吝啬的经常拥抱孩子吧。温暖的触碰不仅是孩提时期的"营养来源"，也是孩子步入青少年时期必不可少的养分。研究表明，边缘系统的强化有助于预防和治疗抑郁症。

此外，于我而言除了父母，我还从老师那里得到过这种亲切的关怀。每当我遇到困难或想要退缩的时候，就会想起学生时代带着温暖微笑称赞我的老师，还有他那轻轻抚过我头顶的手，一想到这些，我的身体会顿时充满能量。

随着孩子的成长，有很多父母会逐渐拒绝肢体接触。手牵手一起去散步，拍拍孩子的背，摸摸孩子的头，轻轻拥抱孩子，这些都是能够给予安全感的接触。但如果这些接触都让你和孩子觉得有些尴尬，那么经常击掌也是不错的选择。另外，温柔的眼神和表情，以及充满关爱的话语也都可以起到作用哦。当孩子感到疲惫、承受压力、情绪不安的时候，他的边缘系统就会萎缩。这时，不妨试着轻轻拥抱他或拍拍他的肩膀，说一句"辛苦了""你已经尽力了，没关系的""做得很好"，等等。轻松的肢体接触和简单的语言沟通就能很好地安慰孩子了。肢体接触带来的精神安慰可以缓解边缘系统的紧张状态，激发孩子的积极性和活力，帮助他们克服困难。

偶尔会有一些父母提出，孩子已经进入青春期了，但孩子还小的时候对他的关爱不足，现在才来弥补会不会已经晚了？其实，现在还不算太晚。从父母认识到不足的时候开始，尝试着采取符合孩子当前年龄阶段的方式与他进行肢体接触来弥补当初的缺憾，也会对依恋关系的形成有所帮助。

○ 社会认同与社交的关键——镜像神经元系统

一般情况下，我们的父母一看到孩子的表情就能知道孩子的心思。但其实，孩子也能通过父母的表情和眼神解读父母的心情。这告诉我们，读懂他人的表情和感受是天生的能力，而并非通过后天学习获取的技能。2020 年，华盛顿州立大学的萨拉·沃特斯（Sara Waters）博士在《家庭心理学期刊》（*Journal of Family Psychology*）上发表了一篇研究论文，该研究表明当父母承受压力时（即使他们并没有将这种情绪外露），他们的孩子也可以非常敏锐地察觉到这种信号。也就是说，孩子可以感受到父母微妙的情绪变化，并对这种情绪产生共鸣。

读取对方的情绪属于镜像神经元的功能，而镜像神经元是我们大脑中用来观察和模仿他人的一群神经细胞。人类的镜像神经元系统比其他任何动物都要发达，这意味着我们在解读他人的情绪和模仿他人的行为上具有卓越的天赋。

镜像神经元系统在孩子的发育过程中扮演了什么角色呢？大体上可以分为三类。

首先，它在语言能力的发展上起着重要作用。就像前面所提到的，腓特烈二世将人类婴儿作为对象进行的实验一样，如果一直没有任何人对孩子说话，那么孩子就不会张口说话。孩子不是通过学习语法和背诵单词来掌握语言的，而是通过模仿抚养人说话的声音、表情和语气逐渐学会的。所以，对语言能力发展起着关键性作用的便是镜像神经元系统。

其次，它在行为活动和体育运动的学习方面也起到极大作用。从使用勺子、筷子等基本生存活动技能，到踢球、投掷等基本体育运动动作，孩子都是通过模仿大人的动作来学习这些技能的。

最后，它能为个体融入集体提供很大帮助。人们可以通过直观地理解他人的意图、动机和情感，培养共情能力；可以通过一起感受痛苦和开心的经历，获得融入集体和与他人交往的社交能力。

你听说过"心智理论（theory of mind）"吗？这个理论认为，正是因为我们拥有"心智理论"的能力，才能够感知和理解自己以及周围人的心理状态和行为，进而与他人建立一定的关系，发展互相帮助、互通有无的能力。"心智理论"与镜像神经元有关。社交方面存在障碍的自闭症患者的大脑图像，显示他们的镜像神经元系统激活程度极低。镜像神经元系统差异化了个体的社交能力和个体融入世界的能力。通常，女性的镜像神经元要比男性更加活跃。

与他人分享自己的情感，与他人产生共鸣，表达自己内心的感受，以及获得他人的认可等欲望都是与生俱来的。大脑中的镜像神经元越活跃，社交能力越强的孩子，这些欲望就会越强烈。虽然，因为个体差异，不同的孩子在这方面表现得会晚一点或者早一点，积极一些或者消极一些，但本质上还是一样的。这种"想要一起"的欲望就是从"想要和父母沟通"开始的。

那么，我们应该如何通过激活镜像神经元系统来培养孩子的社交能力呢？由于这是孩子与生俱来的天赋才能，作为父母我们只需自然接受孩子就可以了。育儿是一件非常困难的事情，但从某种程度上来讲，可能也没有你想象的那么困难。我们只需要跟随孩子的步伐，尊重他们的表达，满足他们的欲望，让他在每个发育阶段都可以随意发挥就足够了。"管理和训练"，那是孩子接受父母之后才能推进的步骤。待孩子接受父母后，对他进行管教才会更有效果。

时刻关注我们作为父母的情绪状态也是非常有必要的。镜像神经元会让孩子感受到父母的情绪。所以为人父母，我们要先将自己的情绪稳定下来。感到沮丧和悲伤时，将情绪隐藏起来并非唯一的解决方案，试着安抚一下自己的情绪才是最优解。

如果你遇到了难以解决的问题，无法掩饰当时的情绪，可以对孩子坦白："刚才发生了一件事情，因为这件事情妈妈现在有些难过。"虽然孩子可能无法完全理解父母的心情，但是父母坦率表达自己情绪的样子，会让孩子知道自己也可以大大方方地用语言来表达心情。

孩子是没有先入为主的观念的。他们可以和任何人成为朋友，拥有一颗包容多元的心。希望大家不要将"那个小朋友很奇怪"，"别跟他玩"这类带有偏见的眼光和观念植入到孩子身上。我相信世界上没有哪个父母想让孩子一直孤独地生活下去。如果父母用自己错误的偏见让孩子形成先入为主的观念，那么他与生俱来的交友能力就会逐渐枯竭，渐渐成长为一个不快乐的成年人，一个只追求成绩和物质、没有共情能力和同理心的成年人。尽管没有得到自己想要的结果，也能真心祝贺拼尽全力取得良好成绩的朋友，只有成长为这样的孩子，才能勇敢面对自己的失败，获得重新振作的力量。

○ 平衡与控制理性和感性的集合

人们常说"一定要保持理智，控制好自己的情绪"。所以，连接"控制情绪的大脑"和"控制思考的大脑"的协调功能（coordination），在大脑功能中是有着举足轻重的地位的。而这个负责协调功能的部位正是扣带回（cingulate gyrus）。扣带回在拉丁语中的意思是"腰带"或"带子"，它连接着大脑中的两个重要部分。协调功能出现问题导致的病症被我们称为精神分裂症。

此外，扣带回还负责高级认知功能，可以帮助额叶管理冲动、判断和目的定向等。对我们来说，大脑的认知能力和协调功能同样重要。扣带回一旦出现问题，不仅会导致精神分裂症，还会引发抑郁症（主要症状为情感调节障碍），注意缺陷与多动障碍（俗称多动症、ADHD，主要症状为注意集中困难）和焦虑症（主要症状为难以调节和稳定情绪）等。由此可见，我们大脑协调功能有多么重要，又多么容易变得脆弱。

感性也好，理性也罢，陷入极端情况都是非常危险的。但富有创意和艺术性的活动总是在感性思维下诞生，而理性思维也会在感性思维的支持下变得更加富有活力。只有协调功能处于正常状态，个体才能抑制过度的情绪波动或鲁莽无礼的表现，做出合理判断，采取适当行为，进而表现出稳定的社会性。

幸福有多种定义，"平常心"和"日常生活中的平淡与安定"也是一种。这是协调功能得到充分发挥时的精神状态，一种平衡、放松的状态。生活中我们有时会陷入极端紧张的情绪状态，但我们很快就可以安定下来，这就是扣带回的协调功能赋予我们的能力。

具有如此重要功能的扣带回也需要通过稳定的依恋关系来维持平衡，所以保持持续稳定的情绪才能让协调功能更好发挥作用。

03 会玩的大脑打造会学习的大脑

○ 想象和音乐拥有强壮大脑的力量

对于那些因抑郁和焦虑而去咨询心理医生的人来说，最基本的治疗方法便是"精神疗法"，也就是通过聊天的方式来矫正他们的消极情绪。

那么聊天真的会有治疗效果吗？我们是否能够仅靠脑海中的想法和想象来改变我们的大脑？在脑科学研究的早期，这种方式被认为是不科学的。人们普遍认为，这和自我安慰一样不会让大脑产生任何变化。但是，20 世纪 90 年代哈佛大学医学院的阿尔瓦罗·帕斯夸尔·利昂教授（Alvaro Pascual-Leone）想通过实验，验证这种假说，即想象可以改变大脑。

该实验是以两组完全没有学过钢琴的学生为对象进行的。其中一组进行"想象训练"，而另外一组进行"身体训练"。在这项对比实验中，两组学生的练习时长相同，均为连续 5 天每天 2 小时，练习的乐谱也是同一段。不过，"想象训练"这一组的主要练习方式是边听钢琴演奏边想象自己在弹钢琴，而"身体训练"这一组则是通过真实的弹奏钢琴来进行训练。5 天后，出乎意料的事情发生了。两组学生都能演奏出这段旋律，他们的大脑都发生了变化，变化的形态也几乎相同。这项研究证明了仅靠想象就可以改变大脑。

孩子的神经可塑性远优于成年人。他们可以比成年人更快地掌握语言，学会运动技能，培养艺术感知。同样，也能很快地学会调节情绪，以及培养共情能力。这种学习能力始于观察和想象。因此，当孩子处于婴幼儿时期的时候，父母的作用就是保护孩子丰富的想象力和敏锐的洞察力，让他们保持对万事万物的好奇心，以便更好发挥与生俱来的天赋。

给孩子听音乐可以激发他们的想象力，对大脑起到刺激的作用。20 世纪 90 年代末，社会心理学家唐·坎贝尔写了一本名为《莫扎特效应》的书，该书主张莫扎特的音乐对智力发育有一定效果。随着这一内容成为重大话题，许多父母都为孩子购买了莫扎特的专辑。事实上，关于莫扎特的音乐是否对智力发育起作用，目前仍存在许多争议。但不可否认的是，音乐对儿童的健康和认知功能的发育有着积极影响。许多研究都表明，对孩子来说，主动学习音乐（乐理知识或乐器）比单纯听音乐更有帮助。

音乐可以刺激、激活大脑中主要负责空间感知的顶叶和运动调节中枢——额叶。当我们通过跟唱熟记歌曲的旋律和歌词时，颞叶——也就是和语言相关的大脑区域就会受到刺激。演奏乐器可以训练我们对时间、空间的感知能力和肢体协调能力，起到同时使用大脑两个区域的效果。这样，孩子的情绪就会处于稳定状态，有利于激发他们的想象力了。

○ 多巴胺——打造专注的大脑

在孩子的"各类大脑"中，父母最关心的还是"学习的大脑"。"学习的大脑"来自"玩乐的大脑"。小时候，一个玩具就能玩上许久的孩子，学习的时候也能全身心地投入。当孩子认真专注于某件事的时候，就会分泌一种叫多巴胺的激素，这种激素可以帮助孩子集中注意力学习。当一个孩子从小就懂得"专注"所带来的快乐，那么他也一定知道通过学习获得成就感和多巴胺带来的幸福感。

多巴胺是快乐激素，这种激素与注意力有关。当我们全身心投入某件事情的时候，大脑就会释放多巴胺，尤其是专注于被额叶判断为非常重要的事情时，多巴胺的分泌更加旺盛。当多巴胺被"激活"，大脑就会自动过滤掉阻碍"专注"的因素，只着眼于和当前目标相关的刺激。专注能让我们在某件事上取得卓越的成就，而达到那个目标时获得的成就感和愉悦感，会促使我们设立一个新的目标，并发起新一轮的挑战。

当孩子专注玩积木并搭出自己想要的形状时，那种成就感和幸福感就来自多巴胺的作用。通过不断重复"专注→取得的成果"这一过程，孩子的专注时长就会自然增加，而这也会延续到日后的学习习惯中。多巴胺神经网络是激发学龄儿童学习动机的关键。想通过努力学习取得良好成绩，想得到父母和老师的称赞，这些都是多巴胺神经网络被激活的特征。

多巴胺主要作用于额叶的最前端，即前额叶。患有多动症（ADHD）的孩子前额叶的发育通常比一般孩子要迟上 1~2 年。通过长期观察多动症儿童和青少年，我发现了一些影响大脑前额叶多巴胺神经网络发育的因素，即压力和有害环境。

如果因严重的夫妻矛盾或不稳定的外部环境使产妇在怀孕期间遭受过极大压力，那么这个孩子患上 ADHD 的风险就会增加一倍。此外，如果孕妇在孕期吸烟或孩子在婴幼儿时期吸过二手烟，也会对（孩子的）大脑发育产生负面影响。一般从 6~7 岁开始，孩子会开始发展专注力和调节自身行为、情绪的能力。如果孩子在胚胎时期或者婴幼儿时期就持续暴露在有害环境之中，那么他们的大脑发育势必会受到严重阻碍。

○ 血清素——打造情绪稳定的大脑

婴幼儿期的大脑会在各种刺激下迅速发育。特别是 0~3 岁的孩子会通过与抚养者建立依恋关系，相互影响，从而使情感和语言能力得到开发。不过，由于大脑各个区域的发育速度各不相同，父母给予孩子的刺激也应该适应他们的发育速度。这些刺激包括：陪孩子玩耍、锻炼身体、教育和学习。还未到相应的发育阶段就过早地进行过度干预，施加与该时段不匹配的"刺激"，有时反倒会阻碍孩子的正常发育。

之前我们提到过，多巴胺神经网络与学习动机有关。多巴胺可以通过"专注"取得成果，但过量就会导致过度竞争和内卷，激发人们不断向前冲刺的动力的同时，让人们渴望获得更多的赞美和更高昂的回报，所以时刻都承受着巨大的压力。这种通过获得成就感来激发实现下一个目标动机的方式非常有效，但长此以往，却会与幸福背道而驰。

大脑不会任由多巴胺持续分泌，血清素会弥补多巴胺的不足。血清素是让人感受到"真实满足感"的一种神经递质，而不是"比较"和"竞争"。如果说多巴胺只在大脑特定区域分泌，那么血清素则分布在更广阔的大脑区域之中。多巴胺会刺激特定区域让人更加专注，而血清素则扮演着全方位稳定大脑的角色。当多巴胺分泌过量，让人觉得压力和竞争过大时，血清素就会"登场"，释放"自己"以降低因欲望产生的攻击性，从而让我们冷静下来。它可以帮助缓和摇摆于成功与挫折之间，继而产生的极端情绪，可以防止因抑郁和焦虑导致的自杀或自残。

即使在同样的环境下，有些孩子会表现得乐观开朗，而有些孩子则会表现出阴郁和不满。血清素可以帮助孩子成长为一个有韧性的人，就算受到伤害也能很快恢复。

需要在少儿期就让孩子大脑的血清素系统得到充分发育，因为血清素系统网络对他们安稳度过青春期起到至关重要的作用。青春期的孩子总是认为这个世界存在许多不合理的地方，他们总是对世间万物抱有诸多不满。从第二部分开始，我们将观察青春期的大脑，这是自然发育的"果实"。在这个时期，由于学习的压力，孩子会变得异常敏感。但只要孩子的多巴胺与血清素分泌量从小就维持在正常水平，即便他在情绪和行为方面遭遇极端情况，也能通过自己的努力慢慢找回平衡状态。

与其他神经递质不同，血清素主要受食物的影响。如果说多巴胺的分泌受到化学物质与压力等外部环境的影响，那么食物对血清素就显得格外重要了。因为大脑分泌的血清素总量总是比人体的需求量少，所以我们需要通过外界提供的食物来提高它的分泌量。当我们食用含有色氨酸的食物时，色氨酸会在我们体内进行生化反应，然后转化为血清素。

那么，哪些食物中含有大量色氨酸呢？最常见的就是坚果和谷物，如核桃、黑芝麻、糙米和土豆等。此外，韩式清鞠酱和奶酪等发酵食品、牛奶和酸奶等乳制品、香蕉也含有丰富的色氨酸，推荐食用。

努力保持舒适的状态对激活大脑中的血清素系统是非常有帮助的。父母在日常生活中表现出的从容淡定、平静闲适，能帮助孩子激活大脑中的血清素。此外，拥有一颗感恩的心，多接触大自然也是激活血清素神经网络的方法之一。通过深呼吸—腹式呼吸 – 伸展运动等舒缓的活动来缓解紧张的情绪也有助于激活血清素。

　　偶尔和孩子一起通过冥想放松一下吧。深呼吸，慢慢吸气，吐气，让心情平静下来。可以在睡前做一做。早上起床后，在洒落着晨光的窗前做一些舒缓的伸展运动，开启新的一天也是个不错的选择。

04 ▶ 让孩子的大脑为经历 10 多岁剧变期做好准备

○ 培养对抗压力的能力

"对抗压力"是什么意思呢？当我们感受到压力的时候，大脑会释放激素来调节交感神经系统。交感神经系统是一种自主神经系统，分布在我们身体的各个角落，作用于血管、内脏和心脏等。在我们承受压力的时候，大脑会判定我们目前处于危险状况，自动拉响警铃并释放肾上腺素，这时专注力和执行力都会得到提升。这种精神上的"紧张"是为了保护我们的身体不被压力冲垮。

然而，自主神经系统基本不会被我们的意志所掌控。举个简单的例子，哪怕我们在心中默念"不要出汗"，身体该出汗的时候还是会出汗。自主神经系统由交感神经系统和副交感神经系统这两种神经系统组成。而交感神经系统和副交感神经系统就像分别坐在跷跷板的两边一样，一边"上升"就会导致另一边"下降"，始终保持着动态平衡。

平时，副交感神经系统在身体中占主导地位，它可以疏通血管，促进血液流动；降低血压，保持恒定心率；增加流向肠胃的血液量，促进消化。血管松弛，皮肤保持温暖。它还能激活免疫系统，防止外界细菌感染。当我们处于平静、放松状态时，副交感神经系统发挥更大作用。

而当危机来袭（确切地说，当我们感受到危机降临）时，我们大脑内的杏仁体会产生恐惧和焦虑等情绪，从而释放肾上腺素。肾上腺素会通过交感神经系统来逼迫、折磨我们。它会让我们的心率增快，为大脑和身体提供更多血液。而此时，随着血管收缩，血压上升，血流量慢慢下降，皮肤会渐渐变冷，呼吸也会变得急促起来。本该流入消化器官的血液流向肌肉，会引起消化不良等症状。此外，我们的情绪也变得亢奋起来，好胜心和竞争欲也会被激发起来，所以此时愤怒、斗争的情绪总是占据着"高地"。当我们处于兴奋状态时，交感神经系统就这样发挥作用了。

虽然与压力关系密切的交感神经系统只在真正危机的时刻才会被启动，但因为危机的判定标准因人而异，通常与性格特征有关，所以面对日常生活中的压力，每个人都呈现出不同反应。有时候家长会错误地认为施加压力和威逼利诱能够激励孩子努力学习。父母总觉得学业上的压力（和"别人家的孩子"进行比较，逼迫孩子考取特定成绩等）能够提高孩子的学习欲望。但其实，这反倒会促使孩子启动交感神经系统。

适当的压力可以起到刺激作用，激发动力，保持进取心；但压力过大，就会导致肾上腺素飙升。到那时，频繁的自我怀疑会让我们觉得自己每天都处在水深火热之中，觉得除了斗争和逃避别无选择。

如果只是在考前或考试期间启动交感神经系统，孩子还是可以在积极的刺激和压力的双重作用下很好度过这一时期的。但如果这种冲击持续一两年会怎样呢？副交感神经系统会崩溃，而交感神经系统也会一直处于亮红灯的紧急状态。人会一直陷于敏感和烦躁的情绪当中，无法脱离。

关键问题在于，这种情况在青少年时期极易发生。因为性激素的分泌和大脑的发育（参见第二部分），青少年原本就敏感多思，这时，如果再加上过度压迫，孩子就会变得更加敏感，甚至患上一些疾病，比如消化系统紊乱、腹痛、肠易激综合征或肠炎等。除此之外，孩子更容易风寒感冒，手脚冰凉，甲状腺疾病的患病风险也会大大增加。

如果这种情况一直持续下去，孩子的心理状态会发生怎样的变化呢？对琐碎小事的不安情绪会大大增加。在频繁的"危机"中，杏仁体过度活跃，交感神经过度亢奋，制造出假性焦虑和假性恐惧。不安与焦虑会影响深度睡眠，导致白天容易疲劳，经常感到烦躁，注意力无法集中。当交感神经系统的兴奋保持稳定时，控制平衡的副交感神经系统就会失效，随之而来的是肾上腺皮质等压力激素的增加。它们会攻击大脑最脆弱的部分，即边缘系统。最终导致记忆力减退，调节情绪变化的能力减弱，愤怒和退缩状态交替出现。

当压力长期存在，我们的身体状态就会发生这些变化。青春期本就是身体状态最不稳定、情绪最不安定的发育时期。这个时期的孩子比成年人更容易感受到压力。即使没有来自家庭的压力，也会有学习上的或者身体上的压力。对于他们来说，家庭应该是一个可以释放压力的地方，至少不应该是充满压力的地方。但是如今，如果你曾仔细观察青少年的家庭，就会发现孩子承受的压力大多都来自家庭。

○ 少儿期就应培养的道德观是通往幸福的必备条件

当我们在谈论如何养成幸福健康的大脑时，提起"道德"相关话题是不是有些奇怪？关于道德和幸福之间的关系有很多研究。人们往往认为道德和幸福是难以共存的。大家对道德规范和规章制度的印象总是与自由和幸福截然不同。但其实，幸福的必要条件就是遵守道德准则以及拥有道德判断能力。

当前，学界对道德的研究主要分为两大方向。一个方向是研究人类为什么具有破坏性，为什么会去做恶事；而另一个方向则是研究人类为什么会对他人心怀善意，愿意去做善事。我们总会从新闻报道中看到社会险恶的一面，但其实也有许多人尽自己所能，默默做好事，帮助他人。所以，道德需要究竟是如何产生的呢？从发展心理学（研究婴儿时期到成年期的发育过程）和儿童精神病学的角度出发，研究团队曾进行过相关实验。

为 6 个月大的婴儿展示一段木偶戏，这场戏共有三个角色。第一个角色是一位非常善良且乐于助人的木偶，第二个是既不善良也不邪恶的中立木偶，第三个则是喜欢欺负别人、给人使绊子的邪恶木偶。从木偶戏的内容来看，邪恶木偶其实并不吓人，更多的是使用滑稽的手法，让观众发笑，增加乐趣。在木偶戏结束后，观察婴儿喜欢什么样的木偶。只是由于婴儿的专注时间非常短，所以只给每个孩子展示了两个木偶，观察其喜好偏向。

那么，结果如何呢？比起邪恶的角色，孩子们更喜欢中立的角色；而当需要在中立的角色和善良的角色中二选一时，更多孩子选择了善良的角色。设计这个实验时的假设是：孩子们会选择邪恶但有趣的角色。但实际上，他们还是更喜欢善良的角色。在此之后，还做过许多类似的研究，但最终结果几乎是一样的。这些研究告诉我们，即使是没有任何社会性学习的婴儿，也会对与自己没有直接关系的三方互动非常敏感，孩子更喜欢善意互动的角色。在这方面，即便对于几乎没有父母干预的只有 3 个月大的婴儿也是如此。"善良行为偏好"是今后道德判断和行为的基础，我们可以推断这是一种天性。

那么，人类大脑的哪种构造 / 系统会与这种"善良行为偏好"

相关呢？它又有什么功能呢？许多人认为，大脑的依恋回路符合这个条件。当在大脑回路中建立安全依恋时，父母给予的稳定的、善意的关爱会让我们更加自在，会成为今后与伴侣相爱、抚育子女、热爱家庭的基石。据说这种依恋回路，与人类能感受到的最高幸福——"无条件的爱"相关。这表明人类的基本道德感是与生俱来的，而大脑回路基于基本道德感的道德进阶学习则需要仰赖"建立依恋"的过程。人类正是通过这种大脑回路，将培育下一代的重任绵延了数百万年。

那么，我们应该如何看待道德缺失的个案呢？比如那些有严重品行缺陷的或具有反社会人格的孩子。对此，我想先提出一个重要的结论，那就是这类情况与前额叶受损有关。如果前额叶受伤或者发育不良，就会导致难以做出准确的道德判断。如果因前额叶受损导致道德判断出现问题，那么可以确定的是，这个孩子对世界的看法会和大多数拥有健康大脑的人不同。此外，他比较缺乏同理心和共情能力，很难理解和感受他人的想法。

在道德观念的树立过程中，文化和教育的影响至关重要。虽然大脑可以做出道德选择和判断，但如果一直处于无法满足道德需要的家庭或社会氛围之中，就会出现"为了生存，抑制道德需要"的情况，进而生成其他的回路来帮助其适应这个社会。

孩子的大脑一直都渴求着遵守社会道德，建立能够传递善良与爱的依恋回路。通过上述两点，父母也要记住加强孩子大脑回路的方法与措施。自律自控、遵守规矩和履行约定是我们的天性，也是经验的积累和学习的结果。

○ 应对 10 多岁大脑时父母应做出转变

"学生做作业是理所当然的事情，这也要夸奖吗？经常夸孩子会让他骄傲自满的，所以我们故意不去夸奖他。"

当前的社会和文化，让我们非常吝啬于去称赞他人。有些父母的成长经历和所处的时代，让他们不习惯去表达赞美和喜爱。除非是学习成绩特别好的孩子，否则被夸的次数应该屈指可数。随着精神病学和发展心理学被大众熟知，大家意识到赞美能够起到引领作用，才开始努力去实践，但在日常生活中应用到自己孩子身上还是极为不易的。"要多和孩子进行肢体接触""要经常向孩子表达爱"，作为父母，应该经常听到这类建议吧，但真到了需要付诸行动的时刻，还是会感到尴尬和无措。

去海外生活一段时间就会发现，美国和澳大利亚等西方国家的家长对自家孩子的称赞频率多得甚至让人觉得有些过分。除了家长以外，学校的老师、教会的牧师、隔壁的邻居等，他们会用许多不同的词来称赞孩子，比如："Wonderful""Beautiful""Lovely""Excellent""Great"。孩子每天都被赞美包围着。

韩国有句俗话，"称赞能让鲸鱼跳舞"，但"不当的夸奖会毁了孩子"。事实上，赞美会让听者上瘾。当孩子为了被赞美而去做某件事，他们的目的就会变成获得夸奖，而不是去享受完成这件事的过程。过度依赖"称赞"可能会"触发"某些副作用。比如，过度依赖他人的看法，没有自己的主张。

称赞属于介入干预（intervention）的一种形式，错误的干预可能会阻碍孩子进行各种尝试。所以父母应该多注意称赞的具体内容。也就是说，不要去夸奖孩子所取得的成果，而是要将表扬的重点放在他们勇于尝试的精神和为达目的付出的努力。我们要多多表扬孩子在做某件事的过程中所表现出来的诚实守信等优良品质。过程漫漫，结果短暂。只称赞结果会让孩子觉得不管过程如何，能达到目的就行。

我们应该好好称赞孩子在过程中的不懈努力。比如：为克服恐惧作出的尝试；即使失败也要再次挑战的勇气；在规定的时间内认真完成作业（任务）；虽然因为数学成绩不好而伤心难过，但也会记得整理错题本，为解出正确答案而继续学习。

当孩子的赛跑成绩倒数第一时，应该没有几个父母会感到头疼吧；但如果孩子在文化课考试中考了倒数第一，相信很多父母都会默默叹气。学龄期的孩子会学着去适应进入社会后所要面对的、循环往复的"经历挫折—自我恢复"的过程。当然，我并不是要求你在看到孩子考卷上满满的红叉时，也要硬着头皮去称赞他，而是希望你能够对孩子竭尽全力、努力备考的精神予以肯定。如果这场考试中孩子并没有全力以赴，就应该让他反思一下，看看能做些什么来弥补自己的不足。然后，在孩子得出有效结论后及时给出正面反馈。通过这种方式，孩子会慢慢成长为一个荣辱不惊的成年人。哪怕经历种种失败与挫折，也还是可以收拾心情，重整旗鼓，迎接下一个挑战。

孩子需要充分的肯定与表扬，但现实中他们得到的称赞却寥若晨星，屈指可数。孩子生来就带着发育的艰难任务，尤其是患有多动症和智力发育问题的孩子。这些孩子从小就会遭受很多指责、批评，有时还会受到嘲弄。不清楚这类孩子的特性，就会把他们当成"问题儿童"，企图通过训斥来纠正"问题"。有时为了纠正问题，还会错误地采取"棍棒教育"。

ADHD 是大脑中控制注意力的中枢，尤其是前额叶和扣带回的连接回路出现问题的病症。这时，指责孩子的问题行为毫无意义，不如将焦点放在孩子擅长的事情，引导他去完成一些能够被称赞的任务。

如果孩子实在没有擅长的事情，就可以把他能够做得还不错的事情交给他，来创造一个可以表扬的场景。对于这些孩子来说，"多表扬"能让治疗效果事半功倍。当他们受到表扬的次数增加，受到批评的次数减少，他们的态度就会发生变化。当他们开始意识到"我也很不错呢"时，就会激发自我改变的动力和自信。

当你因为子女经常出现行为问题而感到苦恼时，不要指责他，多在小事上表扬他，最好可以协助他分析问题，找到解决方案。当孩子擅长的事情越来越多，获得的称赞越来越多，这种称赞就会变成推动他不断进步的动力。当这种良性循环形成，孩子在日常生活中就会感受到更多的幸福感。

那什么样的表扬才是"好的表扬"呢？标准就在于"动力"。

激发内在动力的表扬就是好的，而削弱或扭曲动力的表扬则需要我们三思而后行。

让我来举个与"坏的表扬"相关的例子吧。这是发生在我认识的一个孩子身上的事情。这个孩子的学习能力十分突出，到小学六年级为止，包括数学在内的所有科目都取得了非常出色的成绩。他非常擅长数学和科学科目，学到一定程度后，即使不继续学习也能在相关科目上取得优异成绩，而且他还能很快地完成每天的作业。

他的父母因为他取得的良好成绩而赞不绝口。即使他把作业攒起来最后做，或者放学后先打游戏才去写作业，他的父母也觉得这不是什么大问题。小学阶段本是打基础的过程，是进行反复练习、养成良好学习习惯的阶段。可这个孩子认为，只要稍微努力一下，就能取得不错的成绩，还能因此受到表扬。所以在他的认知当中，学习只是一个尽快完成就可以的任务，而他在完成任务后，就可以随心所欲地玩自己喜欢的游戏。所以，对这个孩子来说，赞美不能激发他持续学习的动力。

随后，问题在中学时期开始暴露。随着学习任务加重，难度逐渐提升，这个孩子难以适应不断提高的学习难度。因为当初只注重考试成绩，没有进行深入学习，有些知识点和基础概念学得一知半解，所以即便是擅长的数学和科学成绩也断崖式下降，更不用说语文和英语这类需要持续性输入的科目了。成绩下降后，随之而来的便是指责和痛斥，渐渐地，孩子失去了学习的欲望。

在小学阶段，父母对成绩的称赞并没有作用于激励孩子继续努力，而是让他把自己的学习方向错误地定位在了成绩这个结果上。这是一个非常糟糕的例子，称赞结果而不是过程的行为最终会带来这样的不良后果。

我们需要想清楚管教带来的后果。谈到管教，很多人都会想到体罚。幸运的是，通过社会舆论，体罚现已被禁止。但目前还存在一个非常微妙的问题，那就是语言暴力。有些成年人想通过大人的地位来压制孩子，但因为不能采用体罚的手段，就会自然而然地开始使用语言暴力。受到语言暴力的孩子会感到非常愤怒，觉得自己被羞辱了，他们对外展示的自我形象受到了严重损伤，这会给他们留下长久的创伤。

这时候，大人们常说的一句话就是："我们小时候也是被打骂着长大的，没有任何问题啊！"在那样的环境下长大，把曾经经受的伤害施加在自己的孩子身上，这还算没有问题吗？成年人对暴力的宽容态度，对自尊心的不以为意，虚伪、自大又自以为是的样子都是从哪里来的呢？

我认为管教最大的问题在于"情绪化应对"。管教是为了帮助孩子找到正确的方向。但很多人却在管教的过程中，肆意释放自己的负面情绪。因为无法控制自己的怒火，而厉声呵斥孩子。这种管教方式会伤害到孩子，会破坏亲子关系。当然，也不会起到任何教育作用。

有很多与暴力相关的大脑科学研究都呈现出同样的结果，即小时候的心灵创伤会伤害"情感大脑"。受伤的大脑会影响认知、情绪和社交的发展。暴力会阻碍大脑中负责掌管动力和情绪的边缘系统的发育，尤其是边缘系统中的杏仁体会变得异常敏感，在极小的压力下也会表现出焦虑、恐惧和攻击性。长期生活在暴力环境下，很可能会导致智力低下和自我分裂，这不是一个简单的小问题。

好在孩子具有良好的自我恢复能力，伤口的愈合速度比成年人快，心理创伤也会好得比大人快。此时此刻，如果你想起自己做的某些事情对孩子造成了伤害，就立刻采取行动努力纠正错误吧。青少年时期是"创伤"恢复的最佳时期。

○ 婴幼儿期建立的亲子关系决定着青春期大脑的发展方向

亲子关系像习惯一样是可以互相培养的。喜欢对孩子发火的父母很难在一夜之间改变这种态度；不愿意倾听孩子的父母，也很难去关注孩子的内心。父母和孩子之间的对话模式和行为模式会像习惯一样慢慢固定下来。

从小就被父母严格监管的孩子，到了10多岁出现青春期的特定行为，就会被父母视为需要操心的"问题"。此时，父母和子女之间发生冲突的契机已经准备就绪。基于发育的自然规律与特性，10多岁的孩子会呈现出不断试探底线、敢于反抗的态度。如果是专制独断的父母可能就会像过去那样，无法容忍孩子生出半点反抗心理，使得亲子关系越走越远，离孩子的内心也越来越远。

反之，如果父母能在孩子进入青少年时期之前就一直与孩子保持良好沟通，且孩子向父母提出的合理要求也能被欣然接纳的话，这种健康的亲子关系就会像习惯一样一直传承下去，孩子也能毫无负担地向父母倾诉青少年时期的困惑与迷茫。从父母的立场来看，因为他们一直以来都非常相信自己的孩子，所以当他们在青春期表现出烦躁与不满时，也能抱着"孩子正在经历艰难的过程，我要帮助他好好度过这个时期"的心态来坦然面对。和孩子一起发火，一起烦躁，只会产生更多的分歧与不愉快。

有些孩子非常好教育，他们温顺，善于聆听父母的意见；也有一些孩子不太容易教育，他们敏感，不太喜欢听父母的话。但这并不意味着，温顺的孩子就是好孩子，而敏感的孩子就是坏孩子。孩子的性格是天生的，关键在于父母对待孩子的态度。父母不应该以"让孩子变得易于教育"为目的去努力，而是应该帮助自己的孩子驾驭性格，更好发挥内在力量。

孩子在成长过程中，需要适应陌生的环境，需要接触陌生的人。这也是成长过程的一环。有的孩子能顺利通过这个过程，有的孩子会感到有些吃力。父母不能以自己的方式，强迫惧怕陌生环境的孩子去接触、熟悉陌生环境。对恐惧到哭泣的孩子来说，催促与逼迫是没有任何帮助的，也不会有任何效果。

此时，我们需要采取"原来如此"的沟通方式。可能很多人都听说过这种沟通方式。"你不熟悉这里，所以觉得很害怕。""好的，我知道了。那我再等等你好吗？"只要改变接触的速度，孩子就会有勇气再次尝试。"这个确实有些吓人呢。那要不爸爸先试试?"像这样父母先做示范以表安全,也是很有帮助的。

有些父母可能曲解了"不要成为专制独断的父母"的意思,他们会去满足孩子的所有要求。父母应该告诉孩子正确的规则和方向。制定并遵守规则和约定,可以稳定孩子的情绪,也能对他起到训练作用。

每个人都知道安全的重要性。如果我们生活的世界,只有马路而没有信号灯会怎样呢?不论是过马路的行人,还是开车的司机都会很危险。我们必须制定最基本的规则和约定,以保证孩子的安全,避免他陷入危险。我们要告诉孩子,他很重要,同样他人也很重要。我们大家都要小心,要注意安全,不要受伤。如果还有余力,也可以教孩子一些礼仪方面的内容。父母可以在这些基本的准则下制定规则。

遵守规则和约定可以是一种训练。通过练习,孩子就会在生活中自然而然地遵守规则和约定。不仅是日常生活中的规则(比如十字路口的红绿灯,上学放学的时间等),还有学习过程中的规则。比如,写字的时候,要遵守从左往右,从上到下的笔顺规则;数学中,加号要用"+",减号要用"-"的规定。"人与人之间需要建立约定,而遵守这个约定会让大家都觉得方便。""不能自顾自地制定规则,还强求他人遵守。"在孩子的成长过程中,这种约定俗成的社会限制会被他自然而然接受、吸收。

在做某些事的时候,可以给孩子提供一些选择,让他从中挑选。对父母来说，通过这种训练，他们可以学着认可孩子是一个具有自我选择权利的独立个体。对孩子来说，在与父母协商和谈判的过程中，他们能够培养自己的思维逻辑，还能从父母那里获得自我认同感。对于 10 多岁，正处于青春期的孩子，这种训练是必不可少的。

"自主能力"和"自我行动力"这些关键词是否会出现在孩子身上，取决于父母是否信任自己的孩子。先别担心那些即将进入青春期的孩子了。多花点时间审视一下自己作为父母的抚养态度吧。孩子能从父母的眼神中读出他们是否相信自己，是否真如他们所说的那般爱自己。

○ 10 多岁的大脑介于依赖父母和自我独立之间

当我遇到因严重的情绪问题、行为问题来医院就诊的青少年，或无法适应校园生活而慢慢走向抑郁的孩子时，总会为他们自暴自弃的样子感到非常可惜。他们身上总是带着一种焦虑消极的情绪，"现在已经晚了""父母对我的期望太高了"。在大人们看来，他们还是个"花骨朵"，但孩子们似乎并不这么认为，他们已经放弃了对自己、对未来的期待。每当我和这样的孩子交谈时，就会深深地体会到，父母的期望对孩子来说或许就是一把双刃剑。期望过高，就会让孩子感到生活学习都过于吃力，慢慢变得不自信，否定自己的一切。

为了给孩子提供最营养的膳食、最适宜的学习空间、最完备的培训课程，父母们付出了大量的金钱和时间成本。当接触那些"鸡娃"的父母时，我会觉得这种精神是令人敬佩的。但不管是在医院，还是在演讲中，我一直都在向广大父母们强调，一定要好好检查一下自己作为父母是否错过了最重要的东西，即10多岁孩子的"情绪"和"动力"。

父母的赞赏给予的动力和稳定情绪带来的力量对孩子的影响巨大。有很多父母为了处理这两项以外的事情而忽略了最重要的部分。为了处理好其他事情而逼迫和训斥孩子，这样反而会让他们感到焦虑沮丧，变得畏缩自闭起来，进而阻碍动力的产生，陷入更深的困境。虽说心理疾病的根源不在于父母，但孩子越小，父母给予的情绪稳定功能就越重要。稍不到位，就可能导致孩子生病。如果因为这种原因生病，那就太可惜了。

我很清楚父母们希望自己的孩子前程似锦，希望他过得比自己更加幸福快乐；孩子当然也希望自己能够幸福，能够不辜负父母的期待。只是大多父母对自己子女的期待总是过高，所以孩子无法达到父母要求的情况居多。每当这种时候，面对父母失望的眼神，孩子就会蜷缩起来，慢慢失去自信。10多岁的孩子哪怕不跟父母发生矛盾，也有可能跟同龄人发生冲突。这是一个比较容易发生危险的敏感时期。在学校里，和老师、同学的相处中出现了问题，但面对最亲近的父母时都无法吐露心声，因此很多孩子心里都不舒服。当孩子与学校的老师或者同学发生矛盾或冲突时，很多孩子连对最亲近的父母都无法倾诉。因为这种情况，出现心理问题的孩子有很多。

而让我感到最担心的是，当孩子的负面情绪高涨，就有可能在某一瞬间放弃对自己人生目标的追求；抗拒父母一味要求学习成绩的期待；虽然父母并没有说出来，但看着他们失望的眼神会觉得失落和愧疚；产生自卑心理继而出现自暴自弃的想法。此时，想要放弃自我的心会变得更强烈。

10 多岁的孩子表面上看起来是独立的，但其实却在依赖父母和寻找自己之间徘徊。因此，父母应该根据孩子大脑的发育情况，逐步转换日常中所扮演的角色——

要承认孩子在成长；要认真听孩子说话，就像面对的是一个成年人一样；不要让孩子觉得自己被忽视了；不要对孩子抱有过高的期望，这会让他感到负担沉重；也不要像孩子还小的时候那样，什么都为他准备好；认可孩子想要独立的心愿，即使他能做的事情还十分有限，也要放手让他自己去尝试。这才是父母面对10 多岁青少年的大脑发育时应有的姿态。

如果你曾经将"父母"这个词看得太重，那就稍微放一放肩上的重担，一步步转向观察者和支持者的身份，也是个不错的选择。如果孩子没有向你寻求帮助，那就可以后退一步，等待着。在等待的过程中，如果能用语言向孩子表达信赖，那就更好了。

当孩子长大后，他会渐渐生出自己的逻辑和想法，然后用自己的方式表达出来。有时这种方式可能带着一些反抗色彩。此时，一定不要批评这种"反抗"，认真审视孩子的想法，与他们进行积极讨论才是正解。或许孩子的意见尚不成熟让人难以接受，但他能够清晰分辨"自己的想法被父母无视了"和"父母在认真和我交谈"的区别。

父母的尊重，会让孩子积累"被尊重"的经验，帮助他们正视自己、尊重自己。

Part 2

10 多岁的大脑就如同地壳变动，充满发生剧变的可能性

01 大脑发育的爆发期，人生中的第二次机会

○ 青春期既是大脑迅速发育的第二次机会，也是一次危机

"我家孩子刚上小学，还有机会变聪明（开发大脑）吗？孩子在婴幼儿期没有得到良好刺激，长大后改善环境还能起作用吗？已经发育好的大脑就不会再发生变化了吧？"

就像我们在第一部分看到的那样，0~3 岁孩子的大脑会发生巨大变化。随着婴幼儿期大脑发育的重要性和这一时期的培养方式被广泛介绍和推广，父母对孩子的教育方式和态度正在发生变化。另一方面，有许多孩子的父母，尤其是孩子已经度过幼儿期进入学龄期的父母会经常问到这样一个问题：在这个年龄阶段，孩子

的大脑是否还有机会得到开发。

如果孩子在婴幼儿期接触到不良刺激，换句话说，如果大脑错失了发育充分的机会或者大脑受过严重损伤，那么在将来的发育过程中他们遇到问题或困难的概率就会变大。所以，对于婴幼儿期的孩子，抚养者的作用显而易见（非常重要）。不过，孩子还有第二次改变大脑、促进其发育的机会，那就是青少年期，尤其是前期和中期。这个时期的大脑发育程度决定了青少年后期和20岁成年后的大脑状态，是大脑发育的第二个关键时期。

很多人都会问"那是不是意味着10多岁的时候大脑也在继续发育？"婴幼儿时期孩子的大脑确实会发生一些比较明显的，可以视为"发育"的功能性变化。而10多岁的孩子正处于青春期，会经常表现出不耐烦、反抗等消极的一面，所以父母们常常产生"他们在发育？"的疑问。孩子们为什么会有这些表现呢？这是因为成长为一个健康的成年人所必需的、最重要的部分正是在青少年时期发生着激变。也就是说，在极大地触动大脑中与社会性、高级认知、情绪调节相关部分的过程中，孩子会在一段时间内挣扎、迷茫。

总而言之，青少年的大脑正在往积极的方向发生变化。但由于大脑发育的幅度过大，孩子又是第一次经历这种内心混乱的情绪和心情，所以也就不难理解他们为什么会表现出这种消极的感情、情绪、行为了。另外，我想说的是，我们所面对的青少年的一些消极行为，并非出于他们的个人意愿，可能连他们自己都无法控制这些反应。

○ 大脑的第一次地壳变动在 0~3 岁，第二次则在 10 多岁

0~3 岁的时候孩子的大脑"修剪"速度飞快，之后会暂时处于稳定状态。身体处于高速发育阶段，但大脑仍在缓慢发育着。但到了 10 多岁的时候，大脑就会开始剧烈地"地壳变动"。这是第二次"修剪"运动，这也是孩子迎来的第二个升级大脑的机会。不过这也可能会让我们的孩子因为无法适应而面对其他危机。

如果说第一次"修剪"侧重运动和语言功能的发育，那么第二次"修剪"则集中在社会性、高级认知和冲动控制等相关功能的发育上。从大脑发育层面来看，我们所说的"人性"所具备的大部分功能就是在这个时期得到集中发展的。

当然，第一次"修剪"带来的发育在青少年期仍然继续着。在第一次"修剪"中存活下来的突触相互连接形成网络，精准地提高了语言和运动能力。使大脑出现新的通路，或原有通路变得更加宽广。所以，如果婴幼儿期的大脑被称为"建模阶段"的话，青少年期的大脑就可以被称为"改造阶段"了。

这两个时期的大脑并不是在"重塑"脑细胞或者突触，而是通过"修剪"进行重组。带着相当于成年人 1.5 倍的脑细胞和突触出生的孩子通过第一次"修剪"，整理发育了与感觉和运动相关的大脑区域。然后，通过第二次"修剪"重建与社交能力、认知能力和情绪调节相关的额叶等部位，并着重发展这些功能。

虽然不能说哪个功能更重要，但如果说第一次"修剪"全面发展了生存所需的基本功能，那么第二次"修剪"主要发展的就是我们常说的与"人性"相关的社交能力和智力了。

○ 在发育过程中反而变得越发脆弱的额叶机能

"额叶的结构在孩子 10 多岁的时候积极地重组，也就是说它的功能正在被逐步完善，对吧？那么，随着额叶的发育，孩子的社交能力也应该日渐提高才对啊。为什么我们的孩子会表现出类似'中二病'的状态呢？"

的确，青少年的额叶正在发育着。而所谓的"修剪"，即结构调整，是指大脑功能完善的"过程"，而不是"结果"。棒球比赛中击球员将对方来球击出后有机会打出本垒打，但在击球员跑过一、二、三垒，并安全回到本垒前一切还是未知数。同样的，大脑额叶的修剪过程结束后，才会形成良好的结构和高效的大脑网络，从而使大脑稳定运行。但在大脑修剪过程中，该区域的功能会暂时下线，尤其是额叶部分。

因此，二次修剪期，即青少年期的前期和中期，额叶会迎来相对脆弱的时期，它的功能也会大不如前。比如，某个孩子在小学的时候非常懂礼貌，能和同学和睦相处，到了中学反而变得对任何事情都不屑一顾，还喜欢随时随地发脾气。当我们发现孩子出现上述情感调节能力下降的情况时，就要意识到"孩子的额叶正在努力进行二次修剪"。此时，他的社交能力可能都不如小学高年级的孩子。

额叶（即大脑的前端）都有什么功能呢？就像前面提到的那样，总的来说就是"让人变得更有人情味，让人变得更像人"。细分的话，可以从五个方面来讲。

第一，额叶负责了解并掌握当前情况。有一些孩子非常机灵，很会看眼色。他们能迅速分析出自己所处的状态，了解社会状况，读懂情绪和氛围。了解并掌握当前情况是非常重要的能力，因为只有当我们能从客观角度分析并把握给定的环境和条件，才能进行有效应对。

第二，额叶可以调节情绪。尤其重要的一点在于，它可以培养我们控制负面情绪的能力，比如愤怒、嫉妒或冲动。随着额叶的第一项功能"了解情况"方面的能力逐步提升，调节负面情绪的能力也会得到加强。

第三，额叶担当着制订计划和解决问题的功能。这里的计划是指类似于"我要在今年实现这个目标"的长远计划。额叶具有的前瞻能力，让我们能够依靠强大的自我驱动力，实时观察身边的情况，并根据当前执行情况和难点，随时调整方向和进程。或许，现实往往不尽如人意。但理性且客观地看待事物，预测变量，并根据变量进行适当调整已经是我们能做到的最佳选择了。而这种高级思考能力就属于额叶的功能。

第四，额叶负责控制冲动情绪和调节注意力。额叶的发育非常重要，因为它可以帮助培养专注能力，也可以控制冲动情绪。

初中时，连30分钟的课程都无法全程专注的孩子，到了高中之后，却能够长时间的集中注意力去听讲的主要原因就在于此。青少年期孩子的阅读能力和思考能力都会极速提升的原因也在于此。当你能够专注的思考问题时，专注力和创造力也会随之提升。

第五，额叶具有预测结果的能力。当我们在计划做某事或决定做某项选择时，会事先预测这项决定或行动带来的后果，再去做相应的准备。可以认为额叶的这项能力与前文叙述的第三项能力"制订计划和解决问题的能力"有关。

以上五项就是额叶的主要功能。我们可以认为这五项功能彼此之间都存在一定的联系。那么，在青少年期的前期和中期，因额叶"修剪"导致的上述能力被削弱，会引发哪些具体问题呢？

第一，对事物的理解能力会变差。

第二，攻击性增强，易被激怒。当孩子面对一些让人不太舒服的情况时，会产生消极情绪。但由于额叶修剪过程导致理解力变差，他无法消化这种情绪，只能直接表露出来。如果他能够理解"事情是这样的，所以产生了这种结果"，那么当他面对不好的情况时，也能控制好自己的情绪。然而，因为理解能力变差，遇到不平之事后，只会感到更加不舒服。

第三，缺乏制订计划和解决问题的能力。无法预估未来的情况，无法时时检查自己的行为，及时收到反馈。

第四，无法控制冲动的情绪，也难以集中注意力。没有机会发泄负面情绪，只能直接表现出来。此外，长期专注的能力也会下降。对学业和感情的耐心都会降低。

第五，不能预测自己的行为会带来哪些后果。解决问题的能力下降，缺乏长远性计划，控制情绪的能力变差，导致无法预测自己在冲动之下会做出什么行为。只关注眼前的问题，而不考虑未来的情况，开始消极思考问题。

○ "中二病" 是孩子大脑发育的证明

10 多岁孩子的大脑功能因大脑皮层的变化而变得越发脆弱，而此时出现在孩子身上的各种情况就属于我们常说的 "中二病" 了。这也是我们需要理解这个时期的孩子的原因。因为这是发生在大脑 "升级" 过程中的，一种暂时性的生长痛，成年人应该理解并接受孩子在这个时期的各种行为，因为这些都属于自然的发育过程。

额叶基本上可以 "修剪" 20 年之久。10 多岁时开始，30 岁出头结束。这听起来像是一场持久战，但如果我们数一数 "修剪" 的数量，就会发现超 50% 的 "修剪" 都发生在青少年前期的时候。换句话说，额叶的 "修剪" 速度在青少年前期非常迅猛，所以在这个时期孩子会发生翻天覆地的变化。也就是说，孩子也在适应着成长的过程。

当你发现孩子上高中后变得沉着懂事了，那就意味着之前那种飞速的 "修剪" 已经结束，现在已经进入稳定生长状态了。虽然，修剪过程还没有完全结束，但修剪的数量和速度都开始大幅下降。

　　大脑在青少年前期完成发育任务，到了青少年后期额叶的功能就会变得更加完善，与之前完全不同。这意味着，孩子开始具备成年人的基本自我控制能力。比如：能够调节负面情绪，制订计划和解决问题的能力大大提高，可以集中注意力、专注做某事。这些都是让人变得更加成熟的能力，而为了培养这些能力暂时出现的退化期和不稳定期就是青少年前期和中期。

02 睾酮，一种触碰恐惧和焦虑的大脑领域的雄性激素

○ 能够同时引发身体变化与情绪刺激的青春期睾酮

由于额叶的不稳定而倍感疲惫的孩子面临着另一个挑战，那就是雄性激素——睾酮（Testosterone）的激增。随着雄性激素分泌量的增加，孩子的身体和情绪方面都会发生一些变化，这对成长是非常必要的。身体方面主要体现在肌肉的增加和第二性征的出现，情绪方面体现在攻击性的增强。攻击性增强的主要原因在于雄性激素会刺激大脑中与攻击性相关的特定区域。对于那些本就因为处于额叶修剪时期，很难控制冲动情绪的孩子来说，雄性激素的激增就如同火上浇油，只会引发更严重的后果。

请注意，雄性激素不是男性专有的，女性也会分泌这类激素。同样的，男性也会分泌雌性激素。雄性激素的分泌量因性别不同有所差异，但不管是男孩还是女孩，激素的分泌量都是从 10 多岁开始激增的。

那么，为什么 10 多岁的孩子中唯独男孩的攻击性会增强呢？对于 10 多岁的女孩来说，她们的问题主要表现在"因为一些小事发脾气"，而不是"强烈的攻击性"。这是因为 10 多岁的女孩分泌的雌性激素（Estrogen）相对较多，这对雄性激素起到"中和"作用。而 10 多岁的男孩所分泌的雌性激素量不足以"中和"雄性激素带来的影响，这也就是为什么男孩受到雄性激素的影响更大，攻击性更强了。

图 2-1 反映了男性生命周期中不同时期的雄性激素分泌量变化。青少年前期到青少年后期的曲线斜率非常大，这表明在青少年期，雄性激素的增长速度非常快。在引起雄性激素适应性问题的变化中，分泌量属于非常重要的因素，但更重要的是"速度"。雄性激素在青少年时期一直都保持着这种飞快的增长速度。其增长之快，让孩子几乎无法适应。

雄性激素不仅影响身体发育，还会影响认知和情绪。这是因为这种激素会影响位于大脑颞叶最深处的"杏仁体（amygdala）"。杏仁体是人类大脑中最"原始"的部位之一。随着雄性激素的激增，杏仁体受到刺激被激活，很容易产生以下两种情绪和行为反应：第一，强烈的恐惧与焦虑情绪，敏感度的提升；第二，"生存

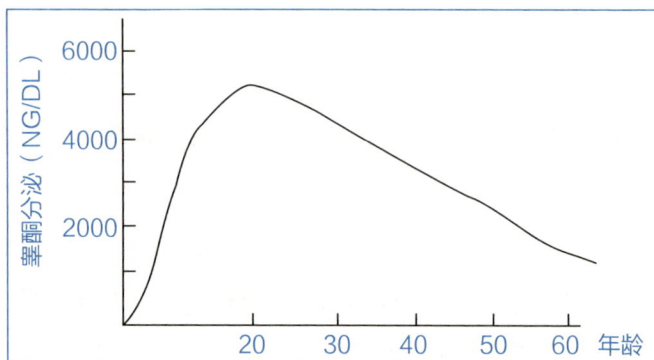

【图2-1】男性生命周期中不同时期的睾酮分泌量变化

斗争"所带来的攻击性增强。

○ 攻击性是自我保护的一种本能

恐惧、焦虑和攻击性可以视为一种"能力"吗？当然可以。看似消极的焦虑与攻击性其实是我们生存所必备的能力。杏仁体是大脑最"原始"的部位，不仅存在于人类的大脑中，也存在于低等动物的大脑中。简而言之，它具有区分敌我、保护自己不受伤害的能力。

人类的大脑是以从里到外、自下而上的顺序发育的。所以，位于最里侧、最下方的杏仁体代表着大脑中最原始、最本能的部位。而位于大脑最外侧、最上方的额叶则是最高级的部位。

有关青少年的大脑，需要父母留心观察的部位就是上述的额叶和杏仁体了。如果说额叶是通过"修剪"发育的，那么杏仁体就是在雄性激素的刺激下发育的。当危险来临时，杏仁体会发挥作用，让我们感受到恐惧，使我们尽快逃离或进行反攻，从而保护自己。以动物实验中广泛使用的小白鼠为例，当小白鼠的杏仁体受到刺激时，通过警告大家这里是"我"的地盘，让大家不要随意入侵，这就是所谓的"地盘之争"。地盘可以分为专属于自己的领地、接纳亲族的领地、接纳陌生人的领地等，大多数生物都是通过树立警戒线来保护自己，不让他人轻易越线伤害自己。而睾酮的刺激激活了我们自我保护的本能。

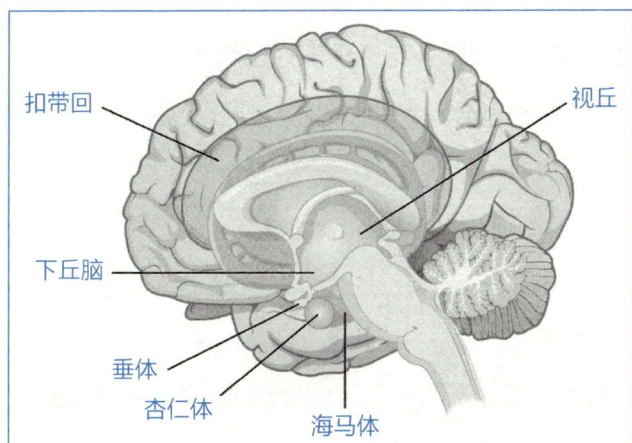

【图 2-2】边缘系统和扣带回的构造

青少年的杏仁体在受到睾酮的刺激后，他们对地位和等级的敏感度会大大提高，会开始倾向于重视力量的强弱，开始产生想要成为强者的野心，面对强者时也会不自觉的示弱。弱者服从强者，强者支配弱者，是一种自我保护的本能反应。对地位和等级的敏感性也可以看作是杏仁体受到刺激后产生的结果。

此时，如果没有适时阻止，就会产生暴力冲突。这就是肢体冲撞和语言暴力在10多岁时频发的原因。虽然校园暴力不能完全归咎于杏仁体的功能，但其生理因素方面的原因是可以用杏仁体来解释的。适当的攻击性可以作为保护自己的一种手段，但如果攻击性的程度超出了限度，就会演变成暴力，此时就需要成年人的介入了。父母应该向孩子传达这种思想："就如同我们自己拥有想要保护的领域一样，他人也有想要保护的领域。"

○ 出于本能的等级之争与地盘争夺是长大成人的过程

为什么到了10多岁睾酮的分泌量会激增并对杏仁体产生刺激，引起消极反应呢？为什么杏仁体要在这个时期被激活呢？这些都可以解释为大脑有目的的为成年做准备。

成年意味着有保护自己的能力，包括防止他人随意干涉自己的能力，以及分得领地、不让他人随意入侵自己地盘的能力。孩子在杏仁体受到刺激后，开始意识到力量、权力和界限的具体含义。这些知识的日积月累，在孩子长大成人后，成为他们建立"栅栏"保护自己的基石。无论是孩子还是成年人，当有威胁的信号出现，杏仁体都会发出警告，同时建立起防御系统，以敏锐的、具有攻击性的方式进行防御。

不过，对威胁的判断和反应程度有时候也会引发问题。事实上，如果将某些不具有危险性的事物认定为威胁，或对危险的防御过度，都会引起被害妄想、偏执、情绪敏感、攻击性等问题。而额叶就担负着判断和协调这些危险的责任。

当额叶的功能处于稳定状态时，它能够较为准确地判断某事物是否具有威胁性，同时做出合理的（符合社会性的）反应。但对于那些额叶功能尚未发育完全的青少年来说，他们的大脑会对杏仁体的警告非常敏感，以至于判断危险性情况时出错的概率会大大增加。由于额叶的"修剪"仍在继续，所以额叶的状态一直都不太稳定。因此包括高级认知功能在内的大脑调节功能也变得非常脆弱。如果父母能够理解额叶和杏仁体的这些功能，就会理解青少年的攻击性与消极情绪从何而来，就会明白在这个时期，作为父母最应该做的就是安抚孩子的恐惧和焦虑情绪。

不过，产生消极情绪的杏仁体受到的刺激越少就越好吗？其实并非如此。正如前面所提到的，焦虑与攻击性是人类生存所必备的能力。杏仁体需要受到刺激，才能继续发育，只有这样，"自我警示系统"才能发育健全，在面临威胁时，才能及时提醒我们解决问题。这是我们成为一个独立自主的成年人的必经之路。

当你发现自己的孩子变得越发敏感，不妨回想一下（我们前面所提到的）"未发育完全的额叶和敏感的杏仁体"。这表明他们正在释放雄性激素，变得更加聪明，也标志着他们正在茁壮成长。幸运的是，这场"风暴"并不会持续很长时间。这是因为青少年中期到后期，曲线会逐渐趋于平滑。随着大脑额叶功能的发育成熟，杏仁体对睾酮的反应减弱，大脑也逐渐趋于稳定。

　　青春期的变化并不能凭借激素这一单一变量来解释，但它确实是了解这一时期特征的关键之一。激素对于青少年前期和中期产生极大的影响，尤其对男孩来说。同时，这些也都是影响心理健康的重要因素。所以，如果孩子正处于青春期，那么当他的攻击性与叛逆程度都在适当范围的情况下，我们需要提供的是温柔的安抚，而不是批评与刺激。因为孩子本就因内心的变化而承受着巨大压力。

03 10 多岁大脑的 "越轨" ——
我的孩子变得很不一样

○ 心理的脆弱期

"让我们通过运动燃烧睾酮吧！"德国用这句口号来鼓励青少年多多运动。这是因为他们很久以前就开始尝试理解青少年的特性，并选择将体育运动作为应对方式。

我也非常推荐这种方式。鼓励青少年期因内心紧张和不安情绪而感到痛苦的孩子培养符合自己喜好的，自由活跃的兴趣爱好，是消除情绪压力的一种方法。不过，这种兴趣爱好倒也不用非得是体育运动。父母可以为孩子创造机会，让他们去体验丰富多彩的文化、艺术、体育活动，让孩子从中选择自己喜欢的方式。

西方发达国家很早就意识到文化、艺术、体育活动有助于减少青少年校园暴力问题，因此他们建议学校在日常教学中开设文化、艺术、体育相关课程。此外，放学后的各种课外活动也都应该围绕着文化、艺术和体育运动进行。

这些来自西方发达国家的努力表明，青少年的问题行为不仅出现在东方。一个曾经与父母亲密无间、无话不谈的孩子，从某一天开始突然拒绝沟通，这确实会让父母感到非常困惑。但全世界青少年的父母似乎都会产生这种困惑。只是时间的早晚与程度的轻重有所不同罢了。

10 多岁孩子的情绪状态会比成年人更容易起伏不定。有时看着落叶飘摇就开心得放声大笑，有时又会因为一些琐事情绪急转直下，立马变得忧郁起来。这种像坐过山车一样的情绪起伏状态，增加了他们的自残倾向和自杀冲动，让他们调节和控制自己愤怒情绪的难度大大提升，使得校园暴力问题频发。不论是对孩子来说，还是对父母来说，青春期都是非常艰难的时期。

2020 年公布的统计结果显示，在韩国每 10 名初高中生当中就有 4 名表示自己"压力过大"，每 10 名之中就有 3 名在一年内患过抑郁症。从 2011 年开始，韩国青少年死因中"自杀"就一直位列首位。对于一直都想要保护孩子不受伤害、支持孩子的想法和理想的父母来说，在孩子步入青少年期开始，就需要打起精神，加倍努力。

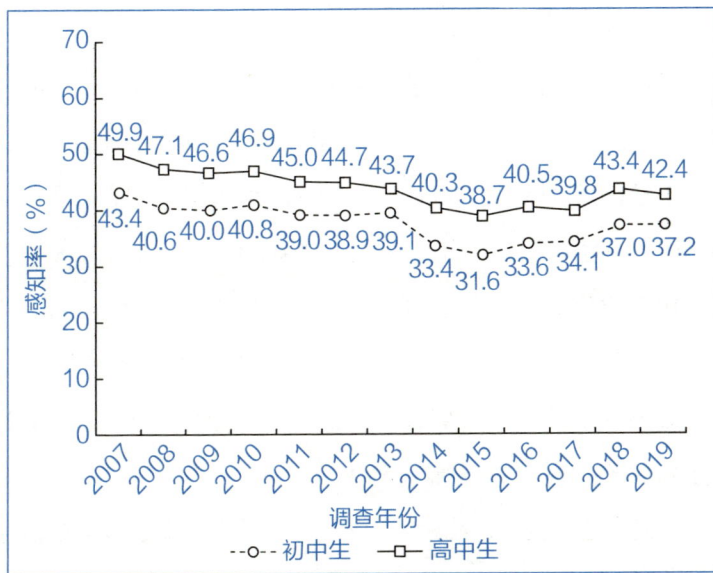

【图 2-3】韩国青少年压力感知率趋势（2007-2019）
出处：韩国第 15 届（2019 年）青少年健康状况调查统计

作为父母应该坚持不懈、持之以恒的向孩子表达"我们会一直在你身边"，"虽然爸爸妈妈不完全赞同你的想法，但我们会一直支持你的"，偶尔给孩子发信息表明"遇到困难可以随时和爸爸妈妈商量"，仔细观察孩子在思想、感情和行动上的变化。有时孩子会显露出讨厌父母、渴望独立、拒绝关心的态度，但这其实是因为他们的内心正发生着巨大变化，使得他们时常感到忧郁、孤独和被孤立。此时，父母给予的支持会给孩子带来巨大慰藉。

○ 最难应对的 10 多岁孩子的"叛逆"与"攻击性"

"该怎么教育没礼貌还总是顶嘴的孩子呢？即使正处在 10 多岁的艰难时期，但错了就是错了，犯错误就该被狠狠地教训一顿吧？不过，我也担心这样做会让孩子跟我闹别扭。""有时我很怕自己生气的时候会抑制不住愤怒的情绪突然爆发。"

10 多岁孩子的父母最担心的就是孩子的"叛逆"和"攻击性"了。对于孩子没礼貌的行为是应该及时纠正呢？还是装作不知，不随意招惹？真是进退两难，让人纠结。如果应对不当，还会让孩子闹别扭，真是左右为难。

遇到上述情况时，我希望大家可以先了解一下青少年的叛逆与攻击性，再继续学习相关的应对举措。我们不应该以失望愤怒的情绪对待孩子，产生"你竟敢攻击我？"的想法。理解这一时期孩子所表现的叛逆与攻击性，消化孩子在这一时期的异常行为，就有机会找到对策。

到医院来找我看病的青少年中，会有一些情况比较严重的孩子，他们有的是校园暴力的施暴者，有的曾因为情绪失控而辱骂殴打父母。我曾以 1000 多个具有攻击性（即表现出强烈的反抗行为和暴力行为）的青少年为对象，进行了一项研究，并在他们身上发现了六种共同特征：①思想上的错误，②忧郁不安的情绪，③冲动，④缺乏共情能力，⑤暴力倾向，⑥不合理的认知等。如果以上六种特征反复出现，就说明这个孩子需要接受治疗。但普通的青少年也会出现这些特征，只是程度不同罢了。因此，我们需要准确识别这六种特征，这样才能帮助我们更好理解青少年的叛逆和攻击性。

第一，我们来讨论一下思想上的错误。之前提到过额叶的暂时性功能衰退会使孩子对事物的理解能力有所下降。最终导致孩子出现认知上的错误，扭曲说话方的意图。仅凭对方的语言、眼神和表情（而且还是经过大脑加工过的主观认知）就做出"对方正在无视我"的错误判断。还因为这些主观认知而感到愤怒，继而表现出攻击性。也就是说，这是一种由认知错误引起的情绪发泄。在青少年前期和中期，经常会发生这种因认知错误导致的误解。所以，孩子时常因为家长、老师或者朋友无意中说的话和做的事而愤愤不平。

第二，关于抑郁和焦虑的情绪。随着情绪调节能力下降，孩子会变得易怒易躁，时常不受控制地突然陷入悲伤情绪。严重的情况下，还会导致抑郁和焦虑。这种抑郁不安的情绪正是青少年攻击性提高的主要原因。青少年的抑郁症状往往会被不良行径或具有攻击性的行为所掩盖而难以被大家察觉。强烈的反抗和攻击行为背后隐藏的真实情绪通常是抑郁和焦躁，但家长或老师们经常会采取责备和制止这种攻击行为的方式来应对或惩罚孩子。错过这种"潜在抑郁症"或选择推迟治疗，很可能会让孩子走上自杀或自残的道路，应该引起高度重视。

第三，冲动。自我控制能力和情绪调节能力双双下降，使孩子的内心很容易被负面情绪填满，最终以爆发的方式表现出来。

所以，一旦有不合心意的事情发生就会通过说脏话、动手打人等方式"发泄"。这种反应最终会导致亲子关系、亲友关系以及师生关系的恶化，陷入负面情绪的无限循环。

第四，缺乏共情能力。共情能力会随着理性思考、道德判断和道德思考的发展而建立健全。但不幸的是，共情能力在青少年前期会暂时性的退化。在某些情况下，甚至比小学高年级时还要低。根据校园暴力相关调查显示，37%的孩子认为"孤立排挤只是开玩笑的一种方式"。无法理解他人因自己的行为而产生的情绪，也就是说，当缺乏共情能力时，孩子更容易使用暴力手段。

第五，暴力倾向。10多岁的孩子认为暴力是他们获取所需的一种手段。为了获得自己想要的东西而与他人进行沟通，经过协商和妥协的过程来实现自己的目的，都属于更高层次的活动。如果没有足够的经验或接受过这种教育，就会不经思考地通过武力来解决问题，而不是通过语言沟通来获取所需。允许暴力的文化背景也是问题之一。如果孩子经常通过社交媒体接触到暴力事件，那么他们对暴力的感知就会渐渐变得迟钝起来。这会影响他们的大脑，形成"容许暴力，崇尚暴力"的扭曲思想。而孩子的大脑或许会将这种行为美化为"酷"。

第六，不合理的认知。当孩子处于青少年期时，睾酮会迎来急剧增长，对权力和等级的欲望与追求会越发强烈。他们会错误的将蔑视他人与高人一等画上等号，坚信这是获得权力的最佳路径。产生一种不合理的认知，即通过无视、殴打、排挤体弱的孩子来彰显自己的优越，提升自己的社会地位。这就是造成欺凌的主要原因。

当这六种特征互相关联，彼此强化，孩子就会做出更加激进和极端的伤害行为。有些孩子甚至还会刻意控制这些内在的负面情绪，并从不表露出来，直到某一天突然爆发，大家才会发现他们制造出了更加可怕的"恶作剧"，引发了更加严重的问题。

如果你的孩子有"越轨"行为，或者呈现出攻击性特征，就需要通过找出行为背后的这六种特征来进行综合治疗。指责、谩骂和惩罚行为并不能真正解决问题。心理咨询和精神治疗等长期的、持续性的认知行为疗法才是长久之计。认知行为治疗方法对青少年的思想错误、暴力倾向和不合理认知等方面的纠正是非常有效的。

此外，当我们考虑青少年的攻击性问题时，还有一点非常重要。那就是同龄人文化（亚文化）。我会在第三部分详细介绍这个内容。这一时期同龄人文化的特点就是序列重组，即孩子的生活重心会向朋友倾斜。少儿期，孩子的生活重心主要围绕着家庭和父母；但到了青少年期，朋友就会变得更加重要。这个时期的孩子渴望摆脱家庭的欲望会越来越强烈，会把朋友放在第一位，会想尽一切办法避免和朋友疏远，甚至完全按照朋友的要求行动。哪怕朋友做了错误的事情，也会因为担心彼此间关系破裂而默认或赞同他的错误行为。这种同龄人文化不仅会引发问题行为，严重的还会影响孩子的心理健康。

○ 青少年后期，认知与道德发展的最佳时期

不过，好在青少年后期孩子的认知会发生翻天覆地的变化。瑞士心理学家皮亚杰认为认知发育与环境相关。他认为认知发育的速度存在个体差异，但发育阶段不会发生改变。其发育阶段大致如下：

0~2 岁时，孩子会通过直接的感官，即来自视觉或触觉的刺激发展认知功能。2~7 岁的时候，孩子开始理解比喻和象征的意思。而当孩子步入小学中低年级（7~11 岁），他们能够理解一些基本的逻辑概念，如三段论的"$a=b$，$b=c$，则 $a=c$"。等进入青少年期（11 岁以后），他们甚至可以做一些假设性检验。通过收集各类数据，提供归纳性假设；在提供假设后，进行一些有助于探寻事实的哲学性思考，在这个阶段孩子会开始发展更高层次的认知。而与这种高层次的认知发展同步形成的就是伦理与道德概念。

皮亚杰认为道德认知的形成也会分成两个阶段。第一阶段是"他律道德"阶段，7~8 岁的孩子会用他人制定的规则来定义道德，他们会以是否遵循这种规则作为善恶的标准。

第二阶段是"自律道德"阶段，10 岁以后孩子开始意识到规则是社会承诺的一部分，开始自主制定规则，思考平等的价值。这与共情能力的发展有关。共情能力可以分为情感共鸣和认知共鸣。情感共鸣是指同情弱者或理解他人情感的能力，最早可在学龄前形成。大概就是"安慰哭泣的朋友"这种程度的情感交流阶段。在这个阶段，孩子能够理解的大概就是"小朋友很伤心哦，

因为他摔疼了"这种程度的语句。

在此基础上继续发展就会形成认知共鸣。认知共鸣是指能够站在对方的立场上思考问题的能力。了解他人的处境，尊重他人在当前所处环境下做出的判断。理解对方的思维体系，这种程度的认知共鸣是在儿童后期开始形成的。到了小学三四年级，在积累大量的阅读、交流和讨论的经验后才能有所提升。当认知共鸣与理解假设及验证假设的能力相结合，青少年期共情能力的发展就基本完成了。

如果说站在自己的立场上理解他人的情感是第一层次的共情，那么站在对方的立场上进行解读就是第二层次的共情了。要想培养第二层次的共情，就需要积累相当多的经验，同时也需要培养思考能力。而要达到这种程度，基本要到青少年中后期了。

因此，青少年期不仅是认知发展的完成阶段，也是道德发展和共情能力发展的完成阶段。青少年早期的大脑会因为"修剪"活动和激素分泌变得异常复杂，同时情绪起伏也会比较大，但其实这是因为孩子的认知能力正在发展。而到了青少年中后期，随着认知能力的充分发展，道德和共情能力的发展才会逐渐接近完成阶段。

04 为什么只有我的孩子这么奇怪？

○ 10 多岁正是大脑混乱期，为什么每个孩子的状况都有所不同呢？

"隔壁住着一个男孩，和我家孩子同岁。这孩子特别文静，见了我还会主动打招呼，一看就是好学生。跟朋友们聊天的时候发现，很少有孩子像我家这个这么奇怪的。为什么只有我家孩子的青春期过得这样艰难呢？"

别人家的孩子即使是在 10 多岁的青春期，似乎也过得很顺利。看起来和父母相处得挺融洽的，在学校也过得蛮开心的，学习上好像也没什么大问题。此外，很多父母总觉得自家孩子在上小学的时候成绩还不错，一直都很放心，没怎么干涉他的学习情况。

然后在某一天突然发现，孩子的身上出现了各种问题：不喜欢和父母说话，把父母的话当作耳旁风，经常顶嘴，还总逃课。长此以往，就会让父母开始担心自家孩子会脱离正轨。

但有一点是可以确定的，那就是前面提到过的额叶的修剪活动，以及雄性激素的刺激导致杏仁体异常活跃，使每个孩子都经历着这种"动荡时期"。从生物学角度来看，这是一个非常普遍的现象。那么，既然是每个人都会经历的大脑发育时期，为什么每个孩子的反应都不一样呢？是什么导致了这种不同的反应？

其实，造成差异的关键在于童年经历的不同。童年经历主要受到三个因素的影响。根据童年的发育过程中获得的不同经验或成果，孩子在青少年期会呈现出完全不同的样子。虽然，婴幼儿期早已过去，距离现在也是很久以前的事情了，但孩子在各个发育阶段所经历的一切都会在青少年期——"汇报"。在这个时期，孩子的性格和脾气、亲子关系、成长环境等因素造成的影响都会显露出来，所以我通常称青春期为"露出真面目的时期"。在孩子步入青少年期前的发育阶段中，我发现了三个对青少年个体差异产生影响的因素。

○ 读懂青春期行为的关键词 1——依恋

第一个因素就是"依恋"。依恋是孩子和父母之间的情感纽带，是从孩子出生后到 3 岁前，通过亲子互动逐渐形成的。婴幼儿期形成的依恋关系在孩子的青春期时再次成为重要因素。

根据父母培养方式的不同，提供不同程度的"一致性"和"稳定性"，依恋可以分为"安全型依恋""回避型依恋"和"拒绝型依恋"。当然，即使父母在孩子 0~3 岁时没能与他建立稳定的依恋关系，也可以通过日后的不懈努力和专家的帮助，将关系转变为稳定的依恋关系。但如果父母不主动与子女建立纽带，形成依恋关系，只是按照现有的模式对待子女，那么依恋关系的问题就会一直存在。

依恋关系中，"数量"很重要，但"质量"更重要。并不是整天和孩子待在一起，就能建立稳定的依恋关系；与此相反，父母没能抽出充足的时间来陪伴孩子，也并不代表他们就会形成不稳定的依恋关系。当然，在婴幼儿期，仅仅是和孩子待在一起就可以让孩子形成对父母的依恋。但过了婴幼儿期，依靠陪伴时长来维持依恋关系就远远不够了。还需得父母以稳定的、前后一致的态度对待子女，这样才有助于高质量建立稳定的依恋关系。

如果亲子间形成了安全型依恋，那么即便孩子进入青春期的动荡时期，仍会向父母倾诉自己的不安。就像小时候一样，当孩子遇到不稳定的情况时，会向情绪稳定的父母寻求安慰。

如果亲子关系不和睦，形成了不安全的依恋，那么当孩子进入青春期经历混乱和变化的时候，他们与父母的关系会变得更加不稳定。孩子会认为哪怕自己向父母诉说困难，也得不到任何帮助，所以干脆就不向父母求助了。越是不能依靠父母，孩子的内心就会越混乱，不安和不满的情绪日益积累，最终呈现出抑郁、焦虑的情绪或采取具有攻击性的行为。

10多岁孩子所表现出的不稳定的反应是否与亲子之间的情感纽带（即依恋关系）有关系？观察这个问题能够帮助我们找到更好的方向。孩子对父母发脾气的行为以及焦躁不安的反应，有可能是为了引起父母的关注，验证父母是否爱着自己。所以，作为父母更应该好好思考该如何帮助这类孩子，努力建立稳定的依恋关系。

"如何"对待孩子是非常重要的。面对问题少年，父母不应该想着"他为什么会这样？"而应该考虑"他想对我说什么呢？""我应该给出怎样的反馈，才能让孩子舒服一点呢？"其实，父母的稳定才是最重要的。这样才能在子女摇摆不定时，成为他们的依靠。当父母和孩子一起摇摆不定，孩子就会变得更加混乱。最终，孩子会试图通过外部手段来解决这种混乱状态，而不是依靠父母。

○ 读懂青春期行为的关键词 2——独立

青少年期的行为是根据孩子在童年的经历决定的，而构成童年经历的第二个因素就是"独立"。在成长过程中，孩子的独立程度，换句话说，父母对孩子的控制程度，会影响10多岁孩子的青春期行为。有些父母想要掌控孩子的一切生活，包括：早上起床后吃什么、穿什么，学习或者休息的时候要做什么。连洗漱、睡觉等日常生活中琐碎小事的日程都由父母决定，孩子只能按照指示行动。

在少儿期，父母的这种控制行为还可以被孩子接纳，孩子一般都会表现得很顺从。所以，很多父母都会误以为这种掌控孩子生活的行为是没有问题的。青少年早中期开始，杏仁体受到睾酮的刺激，额叶也开始了修剪活动，孩子的自我想法和欲望渐渐增长，也会渐渐产生表达自己观点的需求。这是一个非常自然的发育过程。但对于控制欲强的父母来说，这就是一种"反抗"行为。所以，他们会加强自己对孩子的控制。将对待儿童的控制方式照搬过来用在青少年子女身上，这会让孩子更想摆脱父母的控制，和父母发生冲突的情况也会越来越多。我们在"依恋关系"中也提到过，当孩子意识到父母对于自己来说是一种负担时，他们就会想要脱离父母，开始专注于其他的事情，变得更加依赖朋友，加强"同龄人文化"在内心的地位，通过反抗来展现自我。

有些家庭在孩子很小的时候就开始尊重和培养孩子的独立意识。给孩子选择的权利，让他自己做决定。即使是错误的选择，也会尊重他们，让他们自己发现错误，帮助他们找到正确的路。独立是每个人都必须经历的。当孩子进入青春期后，对独立的需求就会增加。从小学三四年级开始就经常和父母讨论协商、发表自己意见的孩子，经历过妥协和争取的孩子，自我意识和自己提出的想法一直被接纳的孩子，哪怕受到青春期的影响，也可以毫无障碍地过渡到独立自主的阶段。

所以，在此希望各位父母能够好好回顾自己在过去的亲子关系中做出决定的方式。有些父母可能认为自己并没有那么强势，但通过不断传递"妈妈喜欢这样做""爸爸认为你应该这样做"等信号，让孩子别无选择也是一种强势。这种情况下，孩子看似赞成父母的意见，但却不是出于自愿，而是被动做出的选择。被动听从父母意见的孩子会觉得父母总是无视自己的意见，这会导致亲子间距离越来越远。

当然，我们不能满足孩子的所有要求。把握正确的方向也是非常必要的。最重要的是，充分倾听孩子的想法，让他感受到父母听取了他的诉求。孩子可能不善于表达自己的想法，所以在家长看来有些像"顶嘴"，但我们应该尽量不要曲解孩子的意思，耐心地听他们说。不过，如果孩子的表现确实有些过分或带有偏见，那么也应该坦率地讲出来。

"爸爸会认真听取你的想法的，所以不要生气，也不要大喊大叫。当你在生气的时候，爸爸也会很难过的，这样就会很难集中注意力去听你讲话了。"

这种倾听孩子想法的行为还有助于培养和提升孩子的自信心，同时还能起到对话训练的作用。父母应该尽量倾听和接受孩子的意见。如果孩子的想法和父母完全不同，也不要强迫他接受父母的意见，而应该讨论如何进行调整，寻求改善方案。

○ 读懂青春期行为的关键词 3——气质

决定童年经历的第三个因素就是"气质"。气质是孩子固有的脾气和行为方式，即"孩子的天性"。不是通过父母后天培养的，而是生理和遗传上的，很难通过后天的培养加以改变。"气质"和依恋关系共同被认定为婴幼儿期最重要的因素，在青少年期再次显露其重要地位。

孩子的气质在出生后的前18个月开始显露。主要表现在睡眠和饮食方式、活动和行为方式，以及情绪的释放和抑制方式等层面。仔细观察孩子的上述习惯就能发现他的特质。如果父母在这个时期就了解到孩子的气质，就可以节省大量时间精力，直接为孩子提供符合他气质的教育模式和生长环境。

气质没有好坏之分，只是天生的属性。大多数父母都希望自己的孩子能成长为一个朴实随和的人，但父母挑剔孩子气质好坏的行为是错误的。我们应该认可并努力适应孩子的气质。敏感度高的孩子能感受到细微的声音或者味道带来的刺激，他们往往会比其他孩子更不喜欢刺激的图像，也会对一些小事有更强烈的反应。父母应该接受孩子的这种特性（感受到的刺激比其他低敏感度孩子要更强烈），理解孩子对这种情况感到不舒服的心情，并不断向孩子重复在遇到这种不舒服的情况时应该如何表达。如果能找到正确的使用方法，这种敏感的特性也能发挥出积极功能。天生敏感的孩子能观察到一般人看不到也感受不到的东西，在孩子长大后，这或许能够成为一种特殊的才能或者工具。

气质会随着年龄的增长逐渐趋于稳定。在婴幼儿期，保障生存的睡眠、饮食习惯和行为模式发展到一定程度后，孩子就会开始学习说话。而大多数人都觉得父母可以通过沟通或其他方式调整孩子的气质。但是，气质贯穿着人的一生，这是天生的属性。特别是当孩子刚满十二三岁的时候，气质的作用会再次凸显。不同气质的孩子在处理内心复杂、不安的情绪时会呈现出不同状态，为了走向新事物，摆脱围绕在周身的控制时所采取的方式也会有所不同。

所以，孩子在婴幼儿期表现出来的气质就如同孩子人生的蓝图一样，清晰可见，大致的行为和反应都是可以预测的。父母是否意识到这一点，对于今后会采取哪种方式来应对孩子青春期方面存在较大区别。如果父母善于捕捉孩子的个性，那么他们就能更好理解青春期的孩子。对孩子的理解越深，就越能接纳他们，能为他们提供的帮助也就越多了。

一般情况下，如果孩子的气质和父母相似，那么父母就会更容易理解和接受孩子的气质；但如果孩子的气质与父母存在较大差异，再加上父母没能正确理解和接纳孩子的气质，那么他们对青春期孩子的行为就会感到非常陌生。不能理解孩子气质的父母通常会找一些外在原因，比如，"我以前没这样做过啊，这孩子为什么这样？是不是出了什么问题？"父母很容易基于自身的生长环境和性格来判断孩子的反应是正确的还是错误的。我想再强调一遍，气质并不存在对错，只是各不相同罢了。另外，孩子的气质也有可能与父母完全不同。虽然这种情况比较罕见，但就有一些孩子，他的气质既不像父亲，也不像母亲。

如果早在孩子上小学高年级或者初中的时候，就发现孩子的气质发生了巨大变化，那么不妨回想一下孩子的婴幼儿期。如果孩子在那个时期的气质和现在很相似的话，那么这就是"天性"了，这是孩子曾经的特质被发掘出来了。父母们也经历过孩子所经历的青春期。所以，千万不要说"你这是像谁才这样啊"，因为孩子像父母的概率最大。不过这也不是什么需要自责的事情，没必要觉得"我是不是哪里对不起孩子啊"。这其实就是天性罢了。

〇 通过"训练"学会接纳孩子的所有情绪

孩子身上60%~70%的经验都来自父母和家庭，剩余部分可能来自托儿所、幼儿园的老师和朋友等家庭之外的关系。但孩子对待问题的态度、解决问题的方式、表达问题的方法很大程度上都来自父母的言传身教。

在这里我们可以学到一些小窍门，帮助孩子顺利度过青春期。不要让孩子的整个青春期都浪费在和父母的对决中。10多岁的孩子正处于渴望表达和发泄的阶段，我们应该努力不让孩子把矛头对准父母。对于孩子来说，父母应该是站在同一战线的战友，是可以倾诉心声、寻求对策的伙伴。这样，孩子会过得轻松一些，父母也可以通过孩子体验新生代年轻人的生活。这会是一个非常好的机会，能让孩子和父母一起成长。

要做到这一点，首先要在10岁之前的少儿期就建立非常牢固的亲子关系。父母须得习惯倾听孩子的负面情绪，训练孩子用语言来表达和发泄愤怒的情绪，学会理解孩子用语言来表达负面情绪的方式，而不是让批评责备脱口而出，学会接受和消化孩子的情绪。父母应该在孩子还小的时候就开始培养这种习惯。因为，作为父母最重要的责任义务就是接纳孩子。

这个过程可能并不简单。如果孩子总是抱怨，总是被负面情绪控制，对万事万物都不满，作为父母就会想要立刻纠正他的态度。

"这有什么难的？""别人都能做，怎么就你这么特殊呢？"

"爸爸比你更辛苦。""废话少说，赶快做。"

"爸爸妈妈都这么支持你，你还有什么不满的？还有很多孩子想做没机会呢，你应该心怀感激。"

试图用这种方式阻断孩子的不满，迫使他们改变态度不仅不能和孩子统一战线，反而会让孩子视父母为"敌人"。所以，请父母们多考虑孩子的意见，接纳孩子的想法。

"很辛苦吧。""你一定很难过吧。"

"肯定会感到很辛苦的。"

"我们明白你的心情。爸爸妈妈会认真考虑你的想法的。"

可以先这样复述一下孩子的不满。然后，分享一下作为父母有怎样的想法、建议和意见。

全盘接纳孩子的想法是非常困难的。所以我们需要接受"训练"，站在孩子的立场认真仔细地观察遇到的问题。并不是说一定要和孩子感同身受，但至少要读懂孩子的心思。只要父母能够站在孩子的立场上理解问题，体谅他们的烦恼，他们就能收获满满的安全感。哪怕只做到这一点，对于建立健康的亲子关系都是巨大的进步。

05 不能拖延也无法逃避的"危机时期"

○ 危机——应该表现出来

对于那些顺利度过青春期的孩子，大家都很羡慕他们的父母吧。但我想说的是，顺利度过青春期不见得是件好事。

有些父母会非常自豪地表示，自家孩子在 10 多岁的时候没什么特殊变化，还是一如既往的乖巧、听话。我经常提醒那些父母要仔细观察，不要忽视孩子发出的小信号，比如表情、睡眠时间、食量等。有时候"太平静"可能是另一种警告。

在 10 多岁的青少年期，除了那些将焦虑暴躁表现出来的孩子，平时显得格外稳重平静的孩子，他们的大脑也在经历着巨大刺激和变化。就像前面提到的，孩子的外在表现如何，取决于依恋关系、独立程度和气质类型。但还是有很多人会产生误解，认为独自处理好内心的不安和焦虑，消极情绪丝毫不外露的情况才是最好的；认为独立程度较高，且与父母构建良好依恋关系的孩子一般不太会表现出"问题行为"。但孩子正在经历一场危机，他们的内心世界正处于混沌状态。如何将这种情况表现出来才是重点，而不是如何去隐藏。不去表达，只靠忍耐来度过青春期才是最危险、最不可取的行为。

感觉累了就应该表达出来，感觉痛苦也应该说出来。我们要观察孩子是不是一直在独自忍耐着。从成年人的角度来看，不表露内心的摇摆不定与焦躁不安，忍受艰难困苦才是成熟的表现。但孩子还在经历着一个未完成的阶段，他们还在成长着。

度过少儿期步入青少年期的孩子，内心涌动着混乱的波涛。明明很累，却还要装作若无其事。我们要观察孩子的内心是否积累了这种消极情绪，因为点点涟漪都有可能涌起形成巨浪。

O 拖延能让危机消失吗？

并不是所有孩子在青少年期都会表现出"问题行为"。根据全球范围内的长期追踪研究结果：①所有研究对象中，有三分之一的人在青少年期有过压力引发的问题行为，并且成年后也在社会适应方面出现过一些障碍。②还有三分之一的人在青少年期经受过巨大压力，但并没有表现出很大的"问题行为"。③而剩下的三分之一在青少年期就积极向外界表露自己所承受的压力和危机，他们在解决问题的过程中培养了自己的共情能力和沟通能力，还积累了不少经验，反而得到了很好的成长。

①和③就是在前面提过的，根据依恋关系、独立程度和气质类型，将自己的不适外露出来的孩子。那么②是哪种情况呢？关于②的情况，我们可以观察到如下信息。

当子女进入学龄期时，父母和孩子之间的矛盾似乎就进入了中场休息阶段。意思是说，冲突和危机的爆发被无限期推迟，这在重视学历的国家非常普遍。除了高考所需的学习相关内容以外的所有需求或矛盾冲突，以及情绪上的敏感问题都会被父母彻底规避或压制。父母希望孩子只关注学校的考试成绩。但这可能吗？很多孩子都会像①和③一样，因承受不住巨大压力而爆发。但也有一些孩子像②一样，面对巨大的压力变得越发敏感，但却能够不动声色。对此，我们可以分成两方面来进行讨论。

第一种是父母对孩子的学业要求和孩子对自身学习成绩的要求完全吻合的情况。有些孩子的目标和父母的意愿完全匹配，实现父母的意愿就是实现自己的目标。比如，高考成绩非常理想的情况下，压抑在孩子内心深处的危机就不会爆发。这是因为孩子接受了父母提出的需求，并将这种需求视为自己的需求，在完成这种需求的过程中所获得的成就化解了他们内心的矛盾。这应该是很多父母梦寐以求的情形。

但在第二种情况下，矛盾就没有彻底解决，只是被无限期顺延了。说的严重点，一个10多岁的孩子能对父母言听计从，可能只是为了生存而刻意压抑自己内心的欲望罢了。这就相当于抱着炸药生活。所以，有时候孩子在青春期阶段并没有表现出任何异常，反倒 20 岁出头才开始性情大变。那是因为之前一直推迟的冲突在 20 多岁的时候爆发了。

在许多父母看来，孩子为了取得理想的成绩考入名校而采取推迟冲突的举措是非常明智的行为。但我想问下面这个问题：到孩子 20 多岁时，大学毕业、参加工作、结婚生子等作为成年人应该自己承担的责任也都由父母参与干涉的话，孩子能得到成长吗？作为成年人应该对自己的决定负责，不应该一直依赖父母。我相信大家都不希望自己的子女是个没有责任心、缺乏独立性和自主性的人，同时也不想看到自己的孩子面临无数选择时，会感到困惑与不知所措。所以，我希望大家不要继续将青少年期的危机放在学习成绩上，也应该对暂缓的矛盾保持警惕。

回到最初的问题，如果一个孩子从小学到初中和高中，一直生活在父母的严格监控下，还表现得没有任何异常，那么他的父母就应该仔细观察他是不是真的"没有问题"了。是不是父母阻止或控制了孩子想要表达"危机和困难"的机会，或者孩子连表达的时间都不是很充裕，所以才将自己内心的危机推迟到了高考之后？父母不应该对孩子采取这种态度。

在"危机"中学习，积累解决问题的经验，对孩子的成长和发展非常重要。这会成为孩子树立自信的源泉。这不仅是长大成人的过程，也会对孩子的认知、情绪、社交能力起到显著的提升作用。

○ 10 多岁的本能——寻找"属于自己的"

我一直在反复强调有关青少年期的定义。那就是，青少年期是一个孩子成长为一名大人的准备时期。为了提供成长为大人所必需的物质，我们的身体和大脑都在努力工作着，尤其是在青少年期。不仅在身体方面，智力、社交能力和危机意识层面也都是如此。只有经历过冲突和危机，才会获得真正的成果，才会产生更强大的动力。质疑和反抗权威，经历冲突，大胆打破常规，在这样的过程中让孩子获得成长才是青少年期存在的意义。

这也是孩子脱离父母独立生活必经的过程。摆脱父母的掌控需要有一点"冲动"，而这点"冲动"也会促使孩子去挑战更多新鲜事物。最终，一个孩子被认为是"问题儿童"还是勇敢的"挑战者"取决于我们怎样理解这个孩子的行为。

青春期经常经历的情绪控制障碍也可以理解为情绪化程度高。从负面角度来看，这是一种无法控制情绪的问题。但反过来想，这也属于情绪感知能力强的表现。会因为一些小事感动得落泪，也会因他人的恶劣行为感到愤怒，能强烈地感受到正义的召唤，会为他人的事情挺身而出。它可以成为点燃社会变革之火的力量。纵观历史，曾有无数年轻学生用奋斗和牺牲换来历史的转折。如果将青少年期的所有混乱情绪都统称为"危机"，那么父母就会认为孩子感受到的混乱情绪都是问题，但对于孩子来说，这并不是自我毁灭，这其中存在着无限潜力。

不妨了解一下世界级的艺术家，这些艺术家们的作品都是什么时候开始萌芽的呢？其实，都是在青少年期。不受控制的强烈情绪之中蕴藏着无穷的可能性。敏感、感性、强烈的色彩、破坏性极强的音效、打破常规和秩序的勇气与冲动，都是艺术的体现。改变世界的力量从这里出发。当我们觉察到孩子的某些变化时，需要理解他在那个时期所经历的变化，并做出相应的调整与反应，让孩子的这些变化带来积极的影响。

不要觉得自己可以控制孩子的所有情绪。当孩子在自己内心强烈的情绪和父母的控制之间摇摆不定时，他们就会消极看待自己的情绪，并千方百计掩饰自己的情绪。这是那些过于细致，或企图以过去的标准将自己困在道德框架内的父母常犯的错误。希望广大父母不要再压制孩子感受到的危机和冲突了，也不要只从现实的角度出发去拖延问题的爆发。

只有在青少年期发现了"属于自己的"，才能成长为一个能干的成年人。孩子会本能去寻找"属于自己的"，但父母会不会对此视而不见呢？希望大家能仔细想一想。

○ 培养10多岁大脑的方法——放宽时间和空间

让我们想一想最具代表性的"大峙洞学院"① 学龄期孩子的一

---

①编者注：韩国首尔江南区最著名的学院街，街上有数不清的补习班。

天吧。父母的欲望越大，孩子的时间和空间就会被父母压缩得越小。这类父母正朝着"不允许孩子有丝毫自己的时间和空间"的方向前进。遗憾的是，与父母的控制相比，孩子解决这个问题的可能性十分渺茫。即便是父母承诺给孩子的自由时间也是带着"枷锁"和"限制"的，大概就是只允许孩子花 1~2 小时在浏览视频（YouTube）或网游上，除此之外，从早到晚所有时间都被安排在了日程表之中。这不应该是青少年过的日子，尤其在中学时期，应该给孩子一些"自由呼吸"的空间。希望阅读本书的父母开始改变。

我们经常谈论诺贝尔奖获得者的故事。除了赞扬他们的杰出成就以外，还常常从几个角度深入分析我们为什么不能获得诺贝尔奖。经常被提及的原因包括，对基础科学的资金投入过低，以短期成果为主的绩效评价体系等，但实际上这些都是表层因素。

而最根本的原因在于目前还没有一位科学家一生都在研究能够获得诺贝尔奖的课题。只有拥有"属于自己的"，才有机会获得诺贝尔奖。不断探索自己的问题、自己的假设与自己的猜想的过程是获得诺贝尔奖的前提。这个奖项只会颁发给"改变世界的人"，而不是那些只能对别人做出的成果进行验证的人。那些改变世界的想法和动机都来自"这个人"，而我坚信他们的起点就在青少年期。

我选择成为儿童青少年精神科医生的主要原因在于，我个人认为青少年期是非常重要的一个阶段。当我们回顾一下自己的过去，往往能够发现，是青少年期接触到的一个小小的因素成就了现在的自己。可能是通过书籍、音乐或是电视节目接触到的某个细节。我选择成为一名精神科医生的第一颗种子就萌芽于初中一年级。那时的我在电视上看到一部电影《弗洛伊德》，那是一部黑白电影。讲述着一位移居奥地利的犹太人在经受压迫的情况下，还致力于探究精神世界的故事。他通过分析梦境来进行研究，也因为解析梦境这种行为而遭到社会的指责，甚至差点被辞退。看着讲述他前半生的这部电影，当时的我久久不能平复。而对这部电影，或者应该说是对这个人的好奇心促使我对心理分析产生兴趣，继而关注到那些受过精神创伤的群体，之后继续发展为对创伤的根源——童年和青少年时期的关注与研究。

别误会，我的意思并不是说要单方面提供积极的刺激。让孩子享受自己做选择的过程就足够了。父母只需要给孩子提供充足的时间和空间，即留下选择的余地，让他们独立做出选择，敢于做梦，勇于追梦就可以了。无论这个东西在父母看来有多好，只要孩子不喜欢不做出选择，那就是没有用的。在孩子没有主动选择的情况下，帮助孩子做出选择，就如同布置作业。

只有自己主动做出选择，兴趣和热爱的种子才会在思考和探索中扎根，遇到好的老师和正向的引导，慢慢伸展枝丫，最终结出"自己的果实"。从控制情绪的艰难与情绪爆发的危机开始的关注，能够成为满足自己对变化的需求的一种途径。成年后再也无法体验到的，独属于青少年期的情感和情绪危机说不定会成为新的机遇。

孩子上了小学五六年级或者初中之后，要做的事情就越来越多了。不只内心的情绪问题会让孩子感到异常辛苦，外在的挑战和任务也会越来越多。当你看到这些孩子焦躁不安，还经常发呆或失眠的话，一定不要唠叨他们，也不要重复说"现在不是××的时候"。不要对这些情况给出过度的反应。相反，如果发现了孩子发出"求救"的小信号，也可以为他们提供发泄情绪的空间。

有相关事例表明，来自父母的关心和主动沟通，对于预防心理疾病或尽早发现精神健康问题起到非常重要的作用。我曾在看诊过程中遇到过一个特别聪明的孩子，当时那个孩子还在上高中，他是在病情恶化的情况下来就医的。按照当时的情况，必须住院接受治疗。

在和他进行深入沟通后发现，他的症状从10多岁的时候就初见端倪，只是当时的信号太过微弱，没能引起大家的注意。他说在那个时候耳朵里偶尔会传来机械的声音，但因为当时的日程非常紧凑，几乎没有时间和父母谈论这些琐碎的小事，所以病情就逐渐恶化了。虽然说是因为没有时间，但最主要的原因还是在于孩子和父母不够亲近。

无法表达的痛苦在长期压抑中未见好转，孩子的症状越来越严重，但他始终未能向父母开口。直到他患上不可控制的妄想症后，父母才觉察到孩子身上出现的异常情况。

当我见到这个孩子的时候，他已经患上了精神分裂症，不管用什么药物都没有任何效果，已经到了必须采取高风险治疗方案的地步了。如果这个孩子在第一次出现幻听的时候就和父母说了，或者在他对日益密集的日程感到吃力的时候能有吐露心声的机会，再或者如果能在其他方面能获得短暂喘息的空间，他就不会遭受这么长时间的折磨，也不会病得如此严重。一想到这个孩子我就感到非常惋惜。

给孩子时间和空间意味着什么呢？这代表他们有时间可以休息、陷入放空状态时，可以毫无负担地发会儿呆；给孩子空间，让他们自由表达自己想法和情感。让孩子有时间去做别的事情：比如，偷偷翻一翻爸爸妈妈放在书房里的书，看看和学习无关的内容，关心一下爸爸妈妈的日常琐事，偶尔关注一下和自己无关的其他人的生活，和朋友偷偷逃课，由自己决定应该做的事情和不应该做的事情。

有的孩子会在偶然间发现自己对爸爸放在书房里的吉他非常感兴趣。为了弹奏吉他，他们可以学看乐谱，自学编曲，练习指法等。在弹奏乐器的过程中，他们的不安情绪可以逐渐稳定下来。在和爸爸谈天说地的过程中，亲子关系也能够变得更加亲密。但凡给孩子这种程度的自由，他们都能松一口气。

对于父母选择的学习内容，即使孩子按照要求学习，也取得了一些成果，也要时刻铭记，这不是他自己的选择。最近我发现一种现象，那就是父母过早地为孩子决定了他的未来和职业，早早地就为他们规划了职业发展方向。但我们要知道，到了青少年期，孩子很可能会脱离之前制定的框架。因为这不是他自己做出的选择，他可能会质疑这条路，试图确认这条路是不是真的适合自己。而青少年期就起到这种确认作用。

此外，父母为孩子规划的发展蓝图主要基于 20~30 年前父母所经历的青少年期。而如今社会发展日新月异，当孩子成年后，父母的经历很可能早已过时。尤其对于那些创造性和独立性较差的孩子来说，可能会起到反作用。因此，与其让父母帮孩子决定未来的发展方向，不如给孩子充足的时间和空间去探索自己的潜力所在，去迎接新时代带来的新机遇。在这个特殊时期，比起安静和平淡，说不定变化和喧闹反倒代表健康。

○ 是学习还是做别的？ 10 多岁正是对万事万物充满好奇的年纪

这里有个好消息可以告诉广大父母。青少年期大脑额叶的修剪使得孩子更加渴望获取知识。大脑额叶的修剪意味着消除了大脑神经之间不必要的联系，减少信号干扰。消除干扰有利于信息的明确传递，通过选择和专注能够使效率最大化。我们的大脑对于自己的容量有限具有深刻认知，所以它会让我们专注于真正感兴趣的事或者喜欢的事。而这项工作会从 10 多岁开始，在额叶及其连接神经网络为中心的大脑中进行。

青少年的大脑修剪活动，会让他们在这个时期专注于自己感兴趣的事物。这是一个渴望知识，探究真理的爆发期。处于这个时期的孩子有种探究到底的精神。这是一个对知识的渴求和掌握程度不断增长和扩张的时期。比如，孩子在课堂上偶然听老师讲到德国哲学家康德撰写的哲学书《纯粹理性批判》。可能大多数孩子听过就忘了，但对哲学感兴趣的孩子，可能会被老师讲述的某句话所吸引，开始深入探究这个主题：通过翻阅更好的翻译版本，对德国哲学产生兴趣，接着被德国的新教信仰所吸引，继而思考康德在现代哲学所处的地位……在互联网时代，人们可以轻易挖掘到许多不可思议的信息，这是大脑的神经网络和人类世界的信息网络（即互联网）连接在一起的瞬间。

喜欢电影的孩子，会为了分析电影中的角色而去搜索英文资料。在观看视频资料的过程中如果发现了错误的地方，还会直接用英文留言，提出意见并要求改正。之前还让孩子怨声载道的英语作文作业，在遇到他们感兴趣的话题时，根本不需要任何催促，他们就能主动写好。有的孩子甚至会为了理解电影中某个场景的原理而去认真学习物理知识。一次对微不足道的细节产生的兴趣可能会逐渐演变成对学习的热情。

如果额叶修剪活动让孩子的社交能力下降是一种外在现象，那么根据额叶的功能所体现的内在实质则在于好奇心和专注力的提升。这个时期主要培养的就是孩子专注于他们的内在动机所选择的能力，从而消除干扰。

之前我们提到的"要给孩子留一点空间"的原因也在于此。

很多时候，在成年人看来"不务正业"的事情，可能是为了满足这种对知识的好奇心。但如果孩子对高考所需要的知识积累或提高学校和补习班的成绩没有直接关系的领域感兴趣，很多父母就会感到焦虑，甚至试图让孩子远离这些领域，大概会通过质问"现在是看这种东西的时候吗？"来控制孩子。但父母的这种行为是在阻止孩子去做大脑在这个时期想做的事情，或想要达成的目标。让"大脑"去做想做的事情，才能让孩子更好找到属于自己的路。

青春期的孩子也有平衡和妥协的能力。他们会接收到周围人的反馈，会开始厌倦反抗，适当地达成妥协。但很明显的是，在这个时期孩子会逐渐形成选择和专注能力，智力水平也会得到显著提升，这些都是在其他时期无法经历的。如果说孩子在少儿期拥有了百科全书式的知识体系，那么在这个时期，就拥有足够的认知水平去验证和探索自己的课题和假设。在前文例子中，率先深入了解康德的孩子，可能会通过康德了解到尼采（和康德产生理论分歧的哲学家），继而在这两位哲学家中确定自己想要追求的人生方向，开始建立自己的观点和假设。这说不定会成为孩子今后近百年人生当中的指南针。

○ 为了智力开发牺牲良多的时期

看过伟大哲学家的著作后，像个智慧的学者一样各种专业术语脱口而出，模仿大人行为举止，仿佛自己很了解这个世界一样。

这样的孩子，就因为拉面泡糟了跟妈妈撒娇耍赖，因为想多玩一个小时游戏就缠着父母不放。看着孩子这样，作为父母很难不笑出来。其实，这类孩子真的很聪明，对吧？但就是因为他很聪明，所以更应该知道怎么做才会更像一个成年人。然而，明明非常清楚应该怎么做，采取的行动却刚好相反，这种自相矛盾的时期就是青少年期。

但从好的方面来看，这一时期除了追求某一特定领域（即人文、社会、艺术、体育等）的发展，并不关心日常生活和人际关系。所以，这个时期的孩子看起来有些矛盾。有时候像个小孩子，有时候却又非常成熟稳重，显得很有智慧，这其实不足为怪。不应该凭此就认为孩子不懂事，在顶撞大人。这是平衡前的一种状态，会逐渐趋于平衡，并在成年初期达到动态平衡。

考虑到孩子花费了很多时间在公共教育方面，确实很难在一个领域内充分开发智力水平。因为公共教育的目的是"培养社会成员"，因此会控制非常规的行为。而在学业方面，比起创新创造能力，它更偏重于按部就班地完成基础学科教育。也就是说，公共教育的目标是培养健康的公民，让孩子成长为具备常识的社会成员，不会产生不和谐的声音。这是培养公民所需的均衡感、普遍性、同伴意识、集体意识等基本素养的必经之路，但这与青少年的需求以及行为方式相背离，所以大多数的孩子都很难适应公共教育。

因此，家庭应该在公共教育和孩子的需求、潜力之间起到缓冲作用。父母和孩子需要协同合作。父母为孩子提供时间和空间，孩子能够自由表达自己的想法，父母接受孩子所表现出来的情绪和思想后，为孩子提供合适的机会让他们可以去面对困难和危机，而孩子则需要合理的运用这些机会。上述过程的循环往复才是最理想的状态。

06 比婴幼儿更需要关爱的时期

○ 亲子间依恋关系的真面目正式暴露的时期

当你走一条从未走过的路时，会是什么感受呢？如果变数比预期还要多，我们走在这条路上时会感到非常不安吧。经历青少年期的孩子就是这样的感受。虽然这个时期带来了许多变化，也有很多值得期待的事情发生，但在这个时期哪怕刺激再小都会有可能引起情绪波动。同时，反抗情绪高涨，想法也大大增加。

总结一下第二部分的内容，我们主要想传达的就是：孩子在青少年期不可避免地会经历一段混乱时期。虽然智力水平有大幅度提升，但社交能力和情绪控制能力却有所下降。所以，在这个时期孩子会不受限制地表现自己的天性。同时，这也是检验孩子和父母间依恋关系的时期，也就是"暴露真面目的时期"。

不仅生理上的变化会让孩子感到焦虑，他们还会自己制造麻烦，使自己陷入焦虑状态。是不是觉得有些违背常理？自己制造的麻烦会让孩子的不安进一步扩大。不过，孩子的自我满足感一般就来自于这种焦虑感。在制造麻烦后，他们会在处理这些麻烦的过程中一步步成长，从中获得幸福感与满足感。

例如，在度假村休假的第一天一般都不会有任何顾虑，会非常放松，非常舒服，会觉得没有比这里更像天堂的地方了。但如果要在度假村待上一个月，可能就不那么轻松了。无病无灾、家人健康、无事可愁的日常生活中，我们感受到的往往不是满足感，而是舒适感，真正的满足感总是来自克服危机的成就感。

青少年期就是如此。处在这个时期的孩子很难控制自己的焦虑感。不论是从生理学角度还是环境角度来看，孩子对自己内心的需求大多都倾向于放任自流，而非自我控制。最近流行一种说法，那就是为了解决青少年期的不安与焦虑问题，建议父母让孩子从少儿期就开始接触焦虑管理或心态管理的培训项目。但我认为这并不是一个绝对完美的解决方案。在这个时期，不安与焦虑是正常现象。

那么，对于那些自己的孩子正处于焦虑不安状态的父母来说，他们应该做些什么呢？管理依恋关系。

随着孩子想要探索外面世界的信号越来越强烈，他们渴望获得内部安全感（父母的支持）的需求也会越来越大。想要确认父母对自己是否足够关爱的想法也会越来越强烈。它会以不同的形式表现出来，就像是在考验父母一样。孩子表现出的反抗情绪和渴望离开父母的想法是基于他们内心深处的自信——哪怕出走也会有归处，哪怕遭遇挫折也可以在妈妈的怀抱里哭泣。所以，他们会急于确认父母对自己的爱。

依恋关系就是父母相信孩子，孩子也相信父母，就算遇到困难也可以回到父母怀抱的底气。在婴幼儿期，孩子通过感受父母无条件的爱，积累信任，渐渐形成依恋关系。而在幼少儿期，孩子会基于婴幼儿期形成的依恋关系，尝试着自己做一些事情。从这个时候开始，（基于稳定的依恋关系）即使被父母训斥，也会本能感受到父母的训斥是源于爱而非讨厌。随后，伴随着孩子为独立做出的尝试增多，父母对孩子的控制也会增强。而到了学龄期阶段，父母和孩子协作，开始专注于孩子身体和大脑的功能发育。

然而，到了青少年期，孩子更渴望获得父母的关爱，就像婴幼儿期一样父母提供的全方位的关爱，而非功能发育。这个时候，父母应该继续支持孩子的功能发育，但需要把选择权交给孩子，父母则专注于建立和维系亲子间的依恋关系。

依恋关系的核心在于爱。青少年期的依恋关系就是：坚信自己，遇到困难也会有容身之处；相信父母会一直支持自己。坚信自己无论经受怎样的磨难，都会有依托和底气，这样才能鼓起勇气，奋起挑战。只有经历挑战才会有所成长。只有孩子经历过磨难，亲子间的依恋关系才会闪闪发光。这就是为人父母的意义。

你是否为孩子提供"绝对的依恋关系",让青春期的孩子在感到焦虑不安时,能够在你面前放声大哭呢?开心的时候一起庆祝固然重要,但更重要的是建立稳定的依恋关系,在孩子感到疲惫的时候默默抱住他。可以理解的是父母也是人,当孩子轻易说出伤害父母的话时,他们也会伤心,也会讨厌孩子。但只要坚持到青少年后期,孩子就会慢慢理解父母了。刚开始他们可能会觉得自己是世界中心,父母显得格外渺小。但等他们长大了,就会明白父母的支柱性作用,父母为自己做出过多大的牺牲,开始理解父母。

○ 决定孩子人生的依恋关系与气质

在孩子出生后的 18 个月里,父母不仅要照顾孩子,观察孩子,还要理解和接受孩子的气质,这对孩子和父母来说都非常重要。毫不夸张地说,这个时期和父母一起度过的时光是决定孩子一生命运的关键。

如果已经足够了解孩子的气质,那么应该怎么培养他使他的气质发展的更加充分呢?我们是否应该为孩子创造环境和条件,避免孩子的气质受到反向刺激呢?还是应该持续提供反向刺激来帮助孩子克服自己气质中的缺陷?如果对孩子的气质已经有所了解,其实只要予以适当配合,并提供适量反向刺激就可以了。我们无法为孩子提供一个与他完全适配的环境。而且这对孩子来说也不是什么好事。作为父母,我们甚至需要为孩子提供适当反向刺激。因为人生在世，我们无法为孩子创造一个完美的环境，彻底隔绝伤害，所以就需要预先让孩子做充分的训练，避免他们的气质与社会发生冲突。

比如，孩子非常胆小，通常胆小的孩子也比较认生。在这种情况下，为了提高孩子的社交能力，将他带到人多的地方是非常草率的举动。作为一个胆小的孩子，一下子接收这么大的刺激会感到非常吃力。但如果让孩子继续一个人待着，帮助他隐藏自己，给他提供安全的环境，不让他去做任何挑战，也会阻碍孩子的发展和进步。因为孩子需要通过新的尝试才能成长。所以，要去交朋友，见老师，走亲戚，也要去幼儿园和学校。这时候，要让孩子做一些新的尝试，慢慢提供些微刺激，并让这种刺激带来的感受不那么强烈。

如何应对青少年表现出的气质呢？如果婴幼儿期孩子的气质比较敏感，后来慢慢变得大大咧咧的，但到了青少年期，敏感的气质再次显露出来该怎么办呢？如果这不仅仅是因为青少年期的不稳定情绪，而是因为孩子的天性如此，那么父母就应该采取不同的态度。

一般敏感的孩子对未经同意就随意变动的计划异常敏感。对于随意触摸自己的书桌，或变动物品摆放的位置也会表现出强烈的反应。所以，即便是一件小事，只要父母事先承诺过孩子，就应该尽量去完成。此外，孩子的物品应该由他自己整理，日程表也应该由他自己制订并遵守。如果将孩子异常敏感的气质向积极的方向引导，比如自己制订计划并严格遵守。就可以让孩子成长为一个更加正直、更加守规矩、行动更加有迹可循的孩子。

如果父母在没有经过事先沟通的情况下就强行介入孩子的事情或失约于孩子，就应该懂得道歉。同时，也要向孩子解释说明这种情况的不得已，但也不要表现出过于愧疚的样子。应该让孩子明白，只要做错了事情（失约），哪怕是出于无可奈何的特殊情况，也需要道歉，但也不应该揪住不放，孩子需要学会让步和谅解。

○ 如果在婴幼儿期没能建立起深厚的依恋关系……

在与10多岁子女的关系中，依恋关系同气质一样重要。那么婴幼儿期早已过去，对于当时没能建立良好依恋关系的家庭，该怎么弥补呢？在这问题上父母可能会觉得障碍重重。但有一种理论认为，父母可以与青少年子女重新建立稳定的依恋关系。

我们可以从美国心理学家玛丽·爱因斯沃斯（Mary Ainsworth）的研究中得到一些启发，她是一名发展心理学家，也是一位依恋理论家。爱因斯沃斯首先制定了一套评估标准，来评估孩子和父母之间形成了哪种依恋关系。因为只有通过客观的指标，而非带着主观判断来观察监控才能知道哪些地方是需要改进的。爱因斯沃斯将依恋类型划分为一种安全型依恋和三种不安全的依恋（回避型依恋、拒绝型依恋和混乱型依恋）。

那么不安全的依恋的形成原因是什么呢？是什么因素影响了依恋关系的形成？大致可以分为三类：①亲子之间因负面经历造

成的创伤，②父母对孩子的不理解，③最大的原因是父母继承了祖父母和他们之间的依恋类型。无意识的学习是不同依恋类型形成的主要因素。哪怕父母想要有意识地尝试着去做一些事情，也很有可能会基于他们父母提供的经验来对待自己的孩子。特别是情绪态度方面。爱因斯沃斯认为以上三个因素有 60%~70% 的可能性会导致不安全的依恋。

依恋是在 0~18 个月之间形成的，那么如果这个时期已经过去了就没有办法改善父母和子女之间的依恋吗？有没有什么方法可以不继承来自父辈的依恋影响呢？

首先，要理解和克服我们的父辈带给我们的依恋影响。了解自己和父母之间的关系如何，然后下定决心，绝不重蹈覆辙。

客观审视自己与父母之间的依恋也有所帮助。"我养一个孩子就这么累了，妈妈在 28 岁时，在没有任何人的帮助下，靠自己养活我们兄妹三个，应该更辛苦吧。所以当年才会那样严格要求我们吧。"我们要像这样客观观察和了解父母当年的情况。虽然通过审视自己和父母的关系，不能完全消除情感创伤或由不安全的依恋转为安全型依恋，但对于我们为人父母，或成为一个健康的人还是有所帮助的。

其次，了解自己和孩子之间的依恋类型。回避型依恋主要体现在对孩子的情绪反应不强烈，对孩子采取无视或冷漠态度。这种情况是指，对孩子的行为只做出理性反馈，或试图纠正孩子的行为，但在情绪层面上的称赞、肢体接触和语言表达都非常吝啬。

拒绝型依恋主要发生于父母向子女毫不掩饰的表达剧烈的情绪波动之时。经常让孩子看到过度的情绪反应，特别是消极情绪就很容易让孩子产生避开父母的想法。当你站在客观的立场，审视自己对待子女的方式后，发现经常呈现出诱发回避型依恋或拒绝型依恋的行为时，就需要向安全型依恋的行为模式改善。一般可以通过情感共鸣、称赞、温柔的肢体接触和对话等方式加以改善。

最后，可以寻求专业帮助。可以参加各种有助于增进依恋的育儿支持项目或父母培训项目，比如"积极情绪培养法（Positive Parenting Practice，PPP）"。这个项目最初是为了那些患有注意力缺陷多动障碍或叛逆障碍的孩子的父母开发的，后来，则扩大使用范围至帮助亲子间建立稳定的依恋关系。

该项目的主要内容为改变父母对孩子各种行为的反应，同时训练他们专注于新的积极行为。就像前面提到的那样，经常给予情感共鸣和称赞，不再采取恐吓、威胁、训斥等方式。

○ 写给正为 10 多岁孩子的问题行为感到苦恼的父母

到目前为止，亲子关系和依恋关系的相关研究主要围绕着母亲和子女间的依恋进行着。因此，"父亲和子女间的依恋是非常有限的"这类传统立场在儿童精神科仍占据着主导地位，但由于这些研究都是基于 20 世纪 70 年代至 90 年代之间的观察演变而来的，并不适用于当前情况。在那个时代，父亲的育儿参与度极低，并且有大量数据显示父亲在孩子的成长过程中体现的作用十分有限。

也有很多研究表明，在 10 多岁孩子的亲子关系中，父亲的作用非常重要。到了青少年期，社交能力和文化学习方面的重要性固然在提高，但是对男性青少年而言，如何拥有阳刚之气，如何控制暴力倾向和攻击性的问题，还是要通过和父亲的沟通才能得到更有效的解决。

归根结底，还是在于平衡。这并不是能够以"与母亲的依恋关系"以及"与父亲的依恋关系"这种形式分开处理的问题。只有父母和子女的依恋关系以及家人之间的情感纽带相互协调，处于青少年期的孩子才能感受到智力和情绪上的稳定，才能得到更加均衡的发育。

我工作的首尔大学儿童医院儿童青少年精神科室在治疗前会事先与父母进行沟通和解释，就患儿的发育问题、情绪和行为方面的问题，通常会通过生物、心理等多方面进行诊断和治疗。而大多数父母都比较配合我们的诊断评估工作。在进行大量诊断评估后，我们发现病情严重的孩子大多家庭关系存在一些问题，家庭相处模式比较畸形，孩子一般拒绝和父亲沟通。这意味着如果家庭关系存在问题，青春期表现出问题行为的概率就会大大增加。

如果你还在为 10 多岁子女的问题行为而感到苦恼，那么希望你可以先回想一下自己的家庭关系。这里所说的家庭关系包含许多内容：家庭氛围，夫妻间的交流方式，父亲和孩子的依恋关系以及孩子的自主权，母亲和孩子的依恋关系以及孩子的自主权，父母从自己的父母那里学到的依恋方式与自主权，等等。如果能仔细回想这些内容并思考改善方式，将对问题的解决产生极大影响。虽然大家都希望自己的子女能够健康成长，但如果你是那个因未能在婴幼儿期给孩子提供充分关爱而感到遗憾的父母，那么希望你可以更加关注这些。

10多岁孩子的大脑正在被改造。额叶的修剪带来了智力水平的提高和强烈的好奇心，但同时也降低了社交能力和情绪的稳定性。睾酮通过刺激杏仁体，使孩子的自我控制能力下降，这主要体现在不稳定的情绪、反抗意识和攻击性等方面。

为了顺利度过这个时期，父母需要了解自己孩子的依恋、独立和气质。父母要正确理解和接受子女向自己倾诉的行为，因为这才是最正常、最健康的反应。阻止孩子表达不满情绪并非消除不满的最佳途径，这样反而会让孩子的内心受到更大伤害。

如果你的孩子正处于这个特殊时期，希望你可以放下对孩子的严格监管，允许他们做点别的事情。希望你可以给孩子一点自由的空间。当然，如果有足够的时间可以消化孩子的情绪就更好了。这并不是一件简单的事情。但只有这样做，父母和孩子才能更快、更轻松地度过这段时光。

我的孩子变得有些陌生了——
奇怪的大脑，受伤的大脑

⑴ 是变得奇怪了，还是生病了？ 难以捉摸的 10 多岁的大脑

○ 为什么要了解 10 多岁孩子受伤的大脑？

通过第二部分，我们得知孩子在 10 多岁的时候发生的各种变化，是一种自然反应，而呈现出的不同反应，取决于孩子的气质和童年经历。在第三部分，我们将继续讨论 10 多岁孩子的心理健康问题和"受伤的大脑"相关问题。

与青少年相比，成年人的精神健康问题可能更容易被诊断出来，只要仔细分析成年人的社会规则适应状况和文化规范适应状况，诊断结果就会比较清晰地呈现出来。例如在检查职场生活、大学的课堂参与度、人际关系、与异性朋友或同性朋友间的关系、

家庭关系等日常的生理或精神层面的机能状态后，就会比较容易判断出精神健康问题的严重程度。

但是因为青少年正处于变动时期，所以（通过这些条件）很难做出准确判断。即便是没有心理问题的孩子，也会做出许多奇怪的举动，比如游戏成瘾、对父母发火、突然开始厌恶自己等。大多数青少年在出现上述情况后，可以重新找回平衡。但在某些情况下，这种行为会越来越严重，如果没有得到适当的外部干预，他们的心理健康就会面临严重的问题。

像这样处于青少年期的孩子，他们的异常行为是暂时性的还是病理性的，界限比较模糊，所以更需要我们仔细观察，并收集来自各个方面的信息。

例如，有些孩子在小学的时候成绩一直都很好，但到了初中却突然放弃了学业。虽然最终结果都是"放弃学业"，但究其原因还是千差万别的。可能是因为初中的学习内容相比小学要难很多，有些孩子对于突然提升难度的内容有心无力，开始失去兴趣，最终导致意志力和注意力分散。也可能是因为想要像作为优等生的姐姐一样受到大家的认可而刻苦学习，但一直都没得到父母的夸奖，所以这类孩子在某一瞬间就失去了继续努力的动力。还有一种可能是，有些孩子也许从小就在注意力方面有轻微的缺陷，在小学时期，智力水平足以弥补这种不足，但到了初中，学习难度和内容的激增使这类孩子无法控制自己，最终患上注意缺陷与多动障碍。

所以，单一现象背后可能存在多个原因。可能是自然成长的表现，可能是情绪方面的问题，也有可能是 ADHD 类的疾病。如果是成长和情绪方面的问题，那么早前与孩子建立良好关系并经常沟通的父母就会有一定的优势，可以进行适当干预，在日常生活中找到平衡，或者在发展为病理性问题前寻求专业人士的帮助，及早解决问题。

如果不能正确理解青少年期，就只能看到"孩子身上出现的问题行为"这一结果，并无条件从病理角度解释孩子的问题行为，也就无法及时获得适当的帮助了。我所就职的首尔大学医院每周都会举行一次病例研讨会，将问题较为复杂的孩子作为讨论病例，不同学术背景的团队一起讨论并给出治疗建议。从医学角度观察孩子的主治医师和教授们，24 小时近距离观察和照顾孩子的护理组，到作为家庭功能的补充帮助恢复家庭关系的社会工作小组，帮助确认智力水平、注意力水平和心理状态的心理测试小组等聚在一起，从多个角度分析讨论孩子的问题并分享意见。

通过这个机会我接触到的案例多种多样。其中有的孩子因学业不佳或拒绝遵守学校的规章制度而肄业或辍学，后来因为认为"兄弟姐妹中爸爸妈妈只讨厌我一个，大家都欺负我"就放言"要在食物里下药"，还殴打和威胁父母，所以就被带到医院来进行诊治了。当我们看到这个孩子的时候，我们不仅觉得他在品行方面有所缺陷，还严重怀疑他可能患有精神分裂症。青少年患上精神分裂症的概率比想象中要高得多。但当我们对这个孩子进行全方位分析后发现，他并没有患上精神分裂症等精神疾病，只是长期与父母关系不睦以至于患有轻微的被害妄想症，加之步入青春期后"越轨"行为增多，才导致向父母施加暴力等后果。如果只通过观察这个孩子的行为和症状，就直接采取"对付"精神分裂症的治疗方法，这个孩子就无法得到充分的家庭关系评估和治疗咨询，而家庭关系恰好就是一切问题的开始。

我在本书中想要强调的一点是，趁孩子病重前，尽早干预是非常必要的。要做到这一点，我们不仅要全面了解青少年大脑的发育，还要尽可能多了解青少年期可能出现的病理因素。

○ 青少年期响起的警铃——精神健康问题的开端

让我来讲一个非常严肃的事实吧，你应该听说过"精神分裂症"吧。精神分裂症原本被认为是成年人的精神健康出现问题引发的病症，但综合各项研究结果后发现该病大约有 40% 的概率发病于青少年中期，也就是 15~16 岁的时候。这个概率确实超乎我们的想象。很多人在青少年期就已经开始出现症状了，但却错过了最佳的治疗时机，成年后才开始接受精神分裂症的相关治疗。大家熟知的"躁郁症"，即"双相情感障碍（bipolar disorder）"也是如此。通过了解成年后接受躁郁症相关治疗的患者，我们发现超 50% 的躁郁症患者早在 10 多岁的时候就出现了躁郁症的早期症状。

让人心痛的是，早在青少年期精神健康问题就已经敲响了警钟，但却没有任何人注意到这一点，反而都在助长疾病的发展。青少年的精神健康问题和成年人的精神健康问题呈现出不同的表现，所以很多父母都没能在早期发现自己的孩子"生病"了。

让我们来了解一下青少年期需要注意的精神健康问题的主要类别，根据发病时间的不同，可以分为三大类。

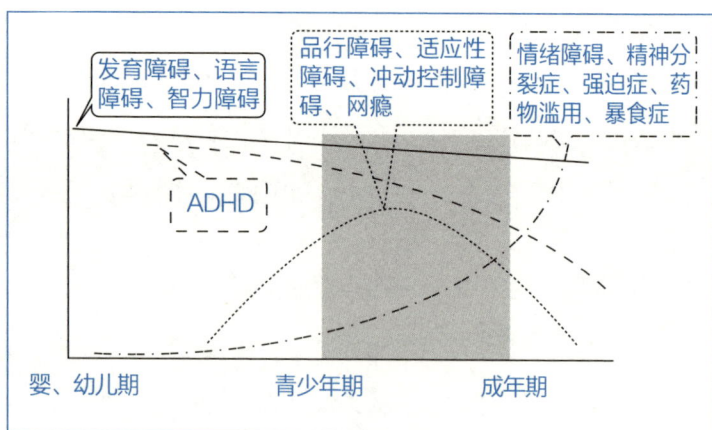

【图 3-1】不同精神健康问题的发病时段

其中，第一类与发育障碍、语言障碍、智力障碍以及 ADHD 等发育问题有关。如图 3-1 所示，这个问题从少儿期就作为发育问题出现，延续至青少年期，并在青少年期与其他问题相融合，形成并发症。最典型的情况就是，语言发育有问题的孩子，会出现学习障碍、品行障碍，同时可能出现抑郁或焦虑等症状。

当孩子进入中学，成绩不太理想或学习吃力的时候，他们自己就会感到沮丧，同时在学校也会被贴上负面标签。这个时候，如果连家长都不能理解他们，还批评他们"这都是因为你不够努力"，孩子就会表现出攻击性、厌学情绪以及抑郁等问题（症状）。青少年期的各种问题源于少儿期的发育问题，这不是凭借个人努力就能解决的。轻视的目光和负面标签会让孩子本就不堪重负的心理问题雪上加霜。青少年问题的三分之一都来自少儿期的发育问题，即发育障碍、语言障碍和智力障碍。

当然，我们也不需要对儿童发育过于敏感。不管是语言发育还是身体发育，我们都应该信任孩子，耐心等待。每个孩子的成长速度都不一样，所以即便有些书上写着孩子几个月的时候要开口说话，几个月要学会如厕，也不要完全听信，迟上一两个月也不是什么大问题。父母应该理解孩子的独特性，在需要等待的时候耐心等待就好。父母关注上图（图3-1）中所示的"不同精神健康问题的发病时段"本身就能成为孩子"改变行为"的好机会。不要只说"快说话！""不要再用尿不湿了！"，而是要想方设法地提供促进发育的积极刺激和动力。

我们谈论的青春期发育问题不包括幼儿期迟上一两个月的那种发育问题，而是那种被诊断为多动症的比较明显的发育问题。为了应对这种发育问题，父母在孩子的青少年时期应该更加细心，更加仔细观察。如果父母在发现发育问题的时候，当机立断地让孩子接受适当的治疗，并让这些问题得到改善将会是一件非常幸运的事情。因为若在当时没能及时接受治疗，青少年期的并发症会使问题变得更加棘手。这些发育问题并不会随着孩子的成长自然好转，需要适当特殊教育支援。

第二类是以青少年期特有的冲动性和攻击性为主的精神健康问题，包括网瘾、冲动调节障碍、品行障碍等。这类问题在少儿期并不起眼，但在青少年期会开始急剧增加，到了成年期反而逐渐减少。也就是说，这类问题会在 10 多岁到 20 多岁之间达到顶峰。

而到了 20 多岁，额叶的修剪活动逐渐平稳，情绪方面的自我调控能力也渐渐成熟。帮助解决内心问题的策略和技术也逐渐完善。但在这个时期之前，额叶的调节功能尚未成熟，控制系统还比较脆弱。杏仁体受到雄性激素的刺激，会使对事物的敏感性、冲动程度和上瘾的风险大大增加。这会引发沉迷游戏、冲动控制障碍、挑衅权威者、消极反抗既定规则等品行方面的问题。

大脑发育导致的冲动控制障碍是在青少年期发现的最常见的现象，但也不是完全无法控制的，只是会变得稍微敏感一些。即使这时孩子时不时会表现出反抗的态度，但很快又会找回平衡。如果超出青少年期问题行为的一般范畴，且这种问题长期存在并变得越来越严重，就需要观察是否存在精神健康层面的问题，并及时提供帮助。这类问题占了青少年问题行为的三分之一。

第三类包含情绪障碍（抑郁症或躁郁症）、精神分裂症和饮食障碍（厌食症、贪食症或异食癖等）。一般在成年期才会出现比较严重的症状，但实际上先兆症状在青少年期就已经初露端倪了。在图 3-1 中可以看到，青少年中后期，曲线的斜率开始急剧上升。如果错过早期治疗的机会，成年期就会出现较大问题。

青少年期错过精神分裂症前兆的原因主要在于，该病症在青少年期的表现与成年期有所不同。成年期的精神分裂症主要表现为妄想或幻听，但青少年时期的症状就比较多样了。最常见的症状是躯体变形障碍症，即认为自己的外表发生了变化。青少年期的孩子对于外貌的关注度会越来越高，所以这方面稍有异动，精神状态就会变得较为脆弱，甚至触发妄想症的发作。

如果及早发现这些症状并提供心理干预和帮助，就会有较大改善。但如果我们对这些早期警告不以为然，放任不管，就可能会导致更多疾病和问题的出现。比如，对外貌的执着达到上瘾的程度的整形成瘾症，或觉得所有人都在盯着自己看、认为所有人都要伤害自己的被害妄想症等。

○ 超越极限的精神——好好管理，不要随意刺激

之前有一次感觉眼睛有些疲劳，就去眼科做了一番检查，结果我发现眼压升高了。虽然并没有基底疾病，但眼压过高可能会造成视神经衰弱，所以我还是购买了一些有助于降低眼压的眼药水，同时医生也嘱咐我"要多休息，减少视疲劳"。

青少年期的心理疏导也是如此，并不是因为患有某种疾病，

而是因为那个时期的发育本身就会造成情绪的敏感和不稳定，所以需要特别管理。青少年期正是兼顾多项学业任务，与同龄人或父母的关系发生急剧变化，同时还要背负长辈们极高期待的时期。因此处于这个时期的孩子需要更多更细致的关注和情绪价值。

但这并不意味着当我们发现这三种疾病信号时，就都要作为精神健康问题处理。从"超越的时期"这一描述中也可以看出，当我们发现孩子的问题行为时，给予适当干预和帮助，他们就能度过危险，恢复健康。

做到这一点需要父母给予足够的关注，关注不是刺激。青少年期的孩子心理状态还不够稳定，需要管理和控制。如果这时父母再刺激一下，孩子的心理状态还能稳定吗？糟糕的是，很多父母在这一时期还在刺激孩子，控制孩子的一切，不允许出现例外状况。当孩子表现出烦躁或消极情绪时，批评的话语脱口而出。这会让孩子拼命逃离父母，隐藏自己身上出现的问题，导致沟通失败，加重问题的严重性。不要总觉得孩子很奇怪，要考虑到他们可能生病了。观察孩子，与孩子交流时，也要考虑这一点。

亲子关系良好且亲子间沟通顺畅的情况下，更有可能在早期发现问题。此时，就能在"问题"升级为"疾病"前，率先解决"问题"。这就是为什么要在青少年期进行心理治疗和早期干预。

可即便和父母的关系很好，成长环境也较为优越的孩子，还是有可能患上精神疾病。提高免疫力可以预防很多疾病，但也不是 100% 肯定的。孩子是会生病的，他们的大脑会因为各种原因受到伤害。我们能做的就是早一点发现问题，提供帮助。就像感冒痊愈后身体会重新获得免疫力一样，青少年期经历痛苦的孩子在成长后也会变得更加坚强。

02 无法理解孩子的行为时，不要执着于问"为什么"

○ 当"为什么"变成目的时，会发生什么呢？

"你怎么能这么做呢？""这孩子怎么回事？"

这是家长在孩子表现出问题行为后最先说出的话。他们来找我做咨询时，也经常说这类话。

"我家孩子为什么会这样呢？"

当我们面对一个问题时，我们总是倾向于关注"为什么"，当然，找到具体原因对解决问题有一定的帮助。在研究疾病的时候，寻找病因的过程非常重要。准确找到病因，有利于进行更精准的治疗。

但在处理青春期问题时，执着于寻找"为什么"，反而会导致解决问题的速度变慢。当然，通过第二部分的讨论，我们也大致了解青少年为什么会突然出现行为上的变化。这个原因是复杂多样的，我们不能只归咎于其中一项。在这种情况下，如果执着于"为什么"，很可能会花费大量的时间在责怪孩子方面，而不是积极寻找改善措施，这对于问题的解决没有丝毫价值。

黑泽明导演有部电影叫《罗生门》。讲的是一对夫妻正路过一片树木茂密的树林，却突遭不测。山贼使了奸计将丈夫绑起来，并玷污了妻子。过路的樵夫看到丈夫胸口插着刀，就报了警。在警察审问此案件的过程中，山贼、妻子和丈夫的鬼魂陈述了完全不同的内容和场景。山贼说自己虽然欺骗了丈夫，但丈夫是在两人决斗的过程中死掉的。妻子说自己看到了丈夫用轻蔑的眼神瞥了一下被强奸的自己，于是愤而杀掉了丈夫。但根据一位自称借丈夫亡魂来作证的巫师所言，妻子背叛了丈夫，但山贼反倒拥护丈夫，丈夫是死于自杀。在不确定到底哪个版本故事才是真相的情况下，作为目击者的樵夫出现了。他说，妻子在两个男人之间煽风点火后自己逃跑了，而丈夫是在和山贼打斗过程中死掉的。

人们对于在树林中遇到山贼后发生的情况都有如此不同的陈述，他们分别按照对自己有利的方式，重新构建了当时发生的情况。

为了解决子女的问题，我们通常会采取家庭治疗或咨询治疗的方式。这时，也会发生和电影《罗生门》相似的场景。初中时，成绩一直在学校名列前茅的孩子，上了高中后由于沉迷游戏，被父母带到我这里来。母亲在陈述问题后表示孩子之所以沉迷游戏是因为她的丈夫。她说，丈夫经常玩游戏，从孩子上幼儿园开始就这样，现在也是，只要让他照顾一下孩子，就会立刻带孩子去网吧。父亲则表示孩子出现这种问题主要是因为妻子。他说，妻子对孩子的成绩过于敏感，从小学三年级开始就一直严格要求孩子，连一点休息时间都没有，只会不停地催促他学习。当我们讨论一个问题的时候，经常会遇到这种情况：以查明问题的原因为借口，不停指责和批评他人。

但当我们询问孩子的想法时，孩子却表示自己已经考上了高中，实在找不到什么理由必须要上学。自己早已完成了语文、数学和科学课程的学习，不想把时间浪费在学习上。他表明之前也有向父母说明自己要参加自主招生，然后直接去自己喜欢的大学读书。但父母却说高中毕业证很重要，完全不认同孩子的想法，孩子因为自己的想法被无视而发火。他说，能够缓解这种郁闷情绪的方式就只有打游戏了。既然白天要按照父母的意愿去上学，那么剩下的时间，就要随心所欲地玩游戏。孩子的心里其实充满着对父母的埋怨，和对他们完全不听取自己想法的不满和反抗。

我们经常误以为，在寻找"为什么"的过程中，就会知道真正的原因。尤其是，见到专家后，坚信他能找到真正的原因，并希望专家认可自己作为父母的想法。但这都是错误的。

同时，根据孩子的检查结果直接断定原因也是非常危险的行为。举个例子，如果我们对孩子进行了一项测试，测试结果显示注意力问题分数较高。这种情况下，我们不能就这样断定孩子的问题是由 ADHD 造成的。

就像上述《罗生门》中呈现的故事，根据不同人的陈述，我们能够获得四种不同的假设。虽然，这四种假设不一定都是编造的，但其为个别问题的产生提供了基础，且在相互作用的过程中，使问题不断恶化。其实，在这种情况下责怪别人对于解决问题没有任何帮助。坚持自己的猜测，不接受任何其他观点的防御性态度，只会让问题更难解决。因为这对问题的解决没有任何贡献。

这种时候，最痛苦的莫过于孩子了。妈妈责备爸爸，爸爸责备妈妈，专家责备父母，看着这样的情形，孩子会觉得无法依靠任何人。所以，对"为什么"的探究不会帮助我们接近真相，反而会让我们忘记真相，只强制要求孩子按照自己的意愿做出改变。

我们不能轻易断定孩子青春期问题的另一个原因是，这会成为孩子逃避问题的工具。"我患有 ADHD。我不行的。我没办法集中注意力。"这样一来，孩子就可能会利用这个诊断结果来逃避各种不便与危机。

希望大家不要在子女问题上太执着于"为什么"。我们需要关注的是"如何"解决孩子的问题，而不是寻找"为什么"。"为什么"并不重要，重要的是"如何"。认为孩子这样痛苦是因为"处在青春期"，所以袖手旁观是不正确的行为。也不要断定是因为"妈妈（爸爸）培养的方式有问题"才造成这种结果。我们要专注于"如何才能帮助这个孩子",并致力于寻找通过父母、专家以及孩子三方合作,达成共赢的方式。

○ 我们该如何解决问题?

应该没有哪个父母不想帮助自己的孩子。他们只是不知道要采用什么方法。对于反抗的孩子、引发问题的孩子,比起执着于找出问题、避开问题,下定决心帮助他们才是最优选择。另外,我们可以采用以下三个步骤来解决这个问题。

第一,不要再继续指责他人了。解决问题和找出原因并不是两条截然不同的道路,探究原因同样重要。孩子可能会在发育方面存在问题或缺陷,所以需要我们耐心观察。但当它变成"谴责"或"自责"时,解决问题的过程就会停止。我们需要将孩子的童年经历、培养过程、家庭文化氛围、孩子的适应过程,以及孩子在学校的学习状态整合起来,然后接受它。而不是责怪任何人或者扭曲任何事实。我们的目标是解决问题,而不是指责或惩罚任何人。

第二,接受所有共享信息,倾听孩子的声音。"上了初中之后,我突然意识到,自己从来都没有做过真正想做的事情。没有和朋友们一起玩耍的记忆,好像一直都在按照妈妈的要求做事。就这样读完初中,上了高中之后,这种感觉就更加强烈了。在学校老师讲的内容都是学过的,实在太无趣了。只觉得一直这样上课也很累。"另外,还要问问孩子到底想做什么。

如果父母的目标只是让孩子尽快回到学校，像以前一样在补习班提前学习老师教授的内容，让孩子的考试排名尽量靠前，那么孩子身上出现的问题就会一直得不到解决。

"妈妈以为你一直在做自己想做的事情。如果这些都是在妈妈的强迫下完成的，那妈妈想跟你说一句对不起。"

"爸爸不知道你一直在烦恼着。对不起，我过去太无视你的烦恼了。以后我们会更加关心你，注意倾听你的想法的。"

作为父母，应该这样去接受孩子内心的真实想法，然后通过语言或者行动表现出来。

专家也要注意，不要轻易妄下定论。

"孩子的注意力似乎存在一定缺陷。但这也有可能是因为他现在的兴致不高，不想做这件事情，所以测试结果不太准确。事实上，孩子参加测试时的样子也不太开心。如果是被硬拖过来做的测试，也可能会导致这样的结果。所以，与其完全相信这个测试结果，不如再给孩子一个机会，让他重新参与评估。"

我们需要把孩子放在中心，从不同角度看待问题。这是关键。即把孩子放在中心。我们的目的不是找出疾病，而是摸索出一种可以让孩子过得更加健康的方法。

第三，将与孩子相关的信息重组，帮助他们解决问题。这有点像是在创作一个剧本，或创建一个场景。这个过程非常重要，可以说是讲故事治疗法的关键。为了给孩子创造新的机会，需要父母、孩子和专家通力合作。换句话说，就是利用每个家庭成员的优势来帮助孩子解决问题。比如，向专业人士咨询孩子的未来职业规划，然后爸爸妈妈一起帮助孩子找到实践和体验的机会。当孩子清晰认识到自己有机会体验未来可能从事的职业时，他就会开始反思并做出改变。他会开始觉得打游戏是一件非常浪费时间的事情。当一个孩子获得内在动力，他就会开始改变自己。

○ 寻求专家帮助的常见误区

当大家求助于精神健康方面的医学专家时，经常存在一些误区，比如认为他们能够直击病因，或提供准确的诊断结果和确切的治疗方法，甚至会认为只要咨询专家，就需要用药或者住院。当然，有的患者需要经历这样的过程。但并不是所有人都需要经历这些。一般情况下，父母、老师、孩子都被各自的视角所束缚着。所以，我们大多会采取全面观察和沟通相结合的方式，即对那些平时没有看到的问题进行全面观察，通过对话来解决问题。采用不同的方式重新认识问题，重构场景和情况，让我们看到一直以来都在回避的问题的本质。通过这种方式，让大家意识到解决问题的方法。

孩子很难靠自己解决身上出现的问题，也很难改变和父母的关系。孩子如此，父母和孩子的兄弟姐妹也是如此。彼此间的关系，对话模式就像是一种习惯，在很长一段时间内都是固定的。对于很难自主改变的问题，专家可以为孩子或父母创造变化的机会或转机。

我想在书中分享的内容，以及我接下来要分享的案例也是如此。对于每个问题（案例），青少年都会在"奇怪的大脑"和"受伤的大脑"间反复横跳。当然，我的意思并不是说"奇怪的大脑"和"受伤的大脑"之间存在看不见的界限，而是在强调青少年的变化幅度非常之大。想要解决孩子身上的问题，其关键在于充分倾听孩子的需求，而不是执着于大人的需求。当孩子说出自己想要的东西时，一定要试着站在他的立场上认真思考。如果发现孩子自己找不到解决方案，一直沉溺于消极行为，我们就必须想出一种方法，让孩子的状态从情感上的极度痛苦转变为平衡稳定。

当然，这并不是强迫大家满足孩子的所有要求。毕竟，我们不能给想喝酒的孩子买酒喝。重新构建问题的情况后，得到的提示或解决方案很可能不是孩子想要的，甚至有可能是他讨厌的。但大多数孩子会开始意识到自己需要改变了。通过理解孩子，让他的情绪保持平衡，他就会意识到自己之前有多么偏激。

当父母怀着真诚的心走近孩子时，孩子也会慢慢敞开心扉。当孩子感受到父母的爱时，他们就会"启动"丰富的情绪感受，非常琐碎的小事都能让他们感到难过或快乐，进而敞开心门。这些经历会让孩子变得更加成熟稳重，与父母的关系也会变得越来越稳定。

青少年期可能出现的问题大致可以分为三类：第一，情绪问题，比如抑郁或者情绪起伏大；第二，行为上的问题，主要表现为冲动或攻击性强；第三，功能缺损，表现为学习成绩低和社交能力差。在接下来的案例中，我们将继续针对相同问题作对比研究。比如，在父母和其他人的帮助下，渐渐恢复的情况和直接转变为疾病的情况。或者一些看似相同，但根源不同的问题。比如，童年时期的发育问题或患有 ADHD 等疾病的情况，和有机会改善或解决的一般依恋问题和气质方面的问题。

希望大家可以通过这些不同的例子，回顾自家孩子现在的样子和小时候的样子，以及自己对待孩子的态度。"奇怪的大脑"和"受伤的大脑"之间的界限有些模糊，这个时期观察孩子的发育情况确实很困难，但还是会有一些方法能够帮助到我们的。希望大家能够通过这本书得到一些启示。

在过去的十几年里，我意识到一件事，那就是所有孩子看起来都很相似，但其实每个孩子"都不一样"。我想在这里提醒每位正在阅读这本书的父母、老师、祖父母以及心理咨询师。每个孩子都不一样，大人不应该轻易为他们决定"适合他们的道路"。这条路最终还是需要靠孩子自己去寻找的。

03 当10多岁孩子的攻击性与个性相遇时

○ 攻击性强的孩子的三大特质

对于10多岁的孩子来说，激发他们大脑中潜在的攻击性或诱导他们做出问题行为的因素，各不相同。来自家庭、学校、机构、父母、兄弟姐妹或朋友的影响，与孩子的个人气质、智力水平和喜好取向的相互作用，也许会使孩子的问题行为渐渐恶化，也有可能会让孩子的问题行为逐渐减少。

通过研究儿童和青少年时常出现的攻击性行为，可以发现下述三点共同的特征。

第一，攻击性强的孩子从小就在共情能力和人际交往方面存在一些问题。共情能力既有与生俱来的一部分，也有通过后天学习培养的一部分。例如，当我们看到一个受伤的人，我们会在情绪上感到难受。这是杏仁体相关区域在起作用，属于一种与生俱来的能力。如果以杏仁体为中心的回路中存在先天缺陷，就会导致孩子几乎感受不到他人的痛苦。这也是他们很容易欺负别人，或者采取攻击性行为的原因之一。事实上，反复表现出强烈攻击性的孩子中有一部分或许已经失去了杏仁体回路应具备的功能。

共情能力也可以随着学习和经验的积累慢慢培养。我们大脑中的镜像神经元是模仿他人行为的基础，早期与杏仁体相连。随着孩子的成长，镜像神经元开始与额叶连接在一起，发展出更深层次的共情能力，能够理解和感知他人的感受或想法。也就是说，镜像神经元系统与额叶相连接，可以发展成为一种社会认知（social cognition）。即，发挥这种共情能力的"关系范围"会越来越广。比如，孩子最开始只能"理解"母亲，但随着镜像神经元系统与额叶的连接，他们能够慢慢感知家庭和朋友的想法，而后这种更深层次的共情能力会扩展至所有同龄人，以及全人类和一切生命体。

你阅读过雨果的《悲惨世界》吗？冉·阿让在偷取教堂的银器时被警察抓住了。而神父却向警察辩解道，这是自己送给冉·阿让的礼物。他对冉·阿让的困窘与痛苦感同身受，并在道德和法律上都包容了他的错误行为。这种共情能力（同理心）是可以发展为兄弟情谊和大爱的。冉·阿让也被神父的博爱与宽厚所感化，慢慢消解了内心对社会和统治者的敌意与愤怒，开始了新的生活。

因此，共情能力是建立人际关系的基础，并根据发展程度，会发展到能够体现人类崇高的程度。发展程度因人而异，青少年期是培养共情能力（同理心）的关键时期。是一直"保持"共情能力（同理心）的缺失，给他人带来痛苦？还是培养共情能力（同理心），继而帮助他人，回馈社会？这在青少年期就早有定论。当然，30岁出头的年纪，额叶的修剪活动仍在进行，所以成年后，我们还是有机会纠正掌管共情能力的回路的。

青少年期培养共情能力（同理心）很重要，原因在于随着共情能力的提升，我们更容易感受到快乐。共情能力越强的人，越容易与他人相处，也更容易为自己的不足向他人求助。如果你想感受到人与人之间的和谐共处所带来的幸福与快乐，那么共情能力必不可少。

第二，经常表现出攻击行为或攻击性强的孩子在情绪调节和冲动调节等自我调节方面也会存在问题。如果一个孩子在他的生命早期，通常是在出生后的前36个月，没有得到充分的关爱和照顾，他的情绪调节就有可能出现问题。如果后续未能与父母建立稳定依恋关系，情绪调节问题持续下去的危险性就会大大增加。另外，少儿期遭受过暴力、虐待或重创的孩子，未得到及时的心理疏导也会出现情绪调节问题。

"处理不当"指的是将问题归咎于孩子，使孩子的内心受到二次伤害，或者完全不给孩子表达内心痛苦或悲伤情绪的机会，只会不停敦促他们尽快忘掉或独自隐藏这种情绪。孩子可以装出若无其事的样子，但他们内心的创伤依然存在，这会形成愤怒、报复、委屈和内疚等负面情绪核心（nucleus）或负面情绪综合体（complex）。

第三，孩子成长的文化土壤可能存在问题。他们可能是在包容暴力或暴力高发的环境中成长的。这不仅针对电视节目或游戏中出现的暴力画面，他们的家庭可能也创造了一种包容暴力的氛围。举个例子，当父母被告知自己的孩子殴打了另外一个孩子时，如果父母的第一反应是为孩子辩解："是他惹怒了我家孩子才被打的。"那么，孩子听到父母的这句话，就会产生强烈的自我暗示："当我生气的时候，是可以通过殴打别人来发泄的。"

当孩子第一次来到幼儿园或托儿所等机构，开始与同龄人建立关系时，如果还没有学会如何正确表达自己想要被喜爱，被关注的欲望，就可能会试图通过一些问题行为来引起关注或展现自己的存在感，比如和小朋友打架，抢夺玩具或掐人等行为。对孩子来说，有时这种消极行为会成为一种获得关注或赢得喜爱的方式。在这种时刻，我们需要让孩子理解这是非常不好的行为，并且鼓励他们通过"正确行为"来赢得大家的称赞。大家可以回想一下，自己有没有在孩子抢夺其他小朋友的东西，或使用不正当的手段赢得胜利后，因为觉得孩子通过自己的"努力"满足了自己的欲望而默默称赞过他？让孩子随心所欲地表达欲望，不是在鼓励他，而是剥夺了他提升自我控制能力的机会。这不是爱，而是害。

如果父母默许了孩子的问题行为，没有及时纠正他们的错误，或采取漠不关心的态度，很可能会让孩子养成用暴力解决问题的习惯。孩子不会为了得到自己想要的东西而与他人协商或寻求允诺，而是习惯性的采取尖叫、殴打或砸东西等暴力行为来达成目的。"用力量制服别人是可行的"这种想法，最终会发展为一种扭曲思想，即"无视和歧视也是被允许的"。

在孩子的世界观、价值观还未成型的时候，他们的自我观点与攻击性很可能会奇妙地结合在一起。如果孩子表达内心感受的主要策略就是采用暴力行为，那么我们就需要反复教导孩子什么是健康且值得提倡的表达方式。我们需要训练他们的自我控制能力，教导他们什么是正确的语言表达方式和行为表达方法。在这种情况下，仍经常发生矛盾与冲突的孩子，就需要接受专家的诊治和帮助了。如果在孩子还小的时候，没有纠正他的攻击行为或引导他学习积极行为，那么在他的青少年期就很容易表现出攻击性。

"朋友之间打打闹闹，很正常的嘛"这类容忍孩子暴力行为的话语，建议以后不要再说了。孩子会借用大人的话，比如"只是开个玩笑啦"，来辩解自己的暴力行为。当孩子施暴后，还轻松表示"只是在开玩笑啦"，其责任主要就在于大人创造允许暴力的"文化"，并让孩子看到了这种"文化"。

○ 反复将暴力自我合理化的孩子

当一个未经教化的、充满攻击性的小朋友成为一名中学生，他在青少年期经历巨大生理变化后，会变成什么样子呢？青少年期，雄性激素刺激杏仁体从而增强孩子的攻击性，帮助我们进行理性思考的额叶也会因为"修剪活动"而陷入混乱状态。孩子在上小学时偶尔表现出的攻击行为通过老师和父母的介入可以得到有效矫正，但在青少年期，孩子的攻击行为在数量和程度上都会发生很大变化。而且随着认知能力的发育和自我主导能力的提升，攻击行为的自我合理化程度也会大大增强。换句话说，孩子会为自己的攻击行为找出各种各样的借口。这会导致我们很难帮助孩子认识错误，进行深刻自我反省和改正。

当我第一次见到这类孩子时，我发现他们会对校园暴力的受害者感到内疚，会因为害怕受到惩罚而表现出自我反省的态度。但过了一段时间，再与孩子相见时，他们的态度就发生了很大变化，最大的变化体现在自我合理化。这些孩子的自我合理化主要分为两种情况：一是认为校园暴力的受害者自己做了不该做的事情，二是借口自己的成长环境非常艰难，从小就要为了保护自己而"攻击"他人。

这种自我合理化的主要问题就在于，当孩子通过自我合理化把暴力正当化，就会导致这类问题的反复出现。当孩子反复采取暴力或攻击行为，就会逐渐失去同理心和负罪感，进而发展为反社会人格障碍，即反社会人格（sociopathy）或精神病态（psycopathy）。品行不良、具有攻击性或偷窃习惯的孩子没有得到及时治疗，其中会有三分之一可能患上反社会人格障碍的。如果发展到这种程度，不仅治疗效果微乎其微，付出的社会成本也会比青少年期的治疗费用高出几十倍甚至几百倍，同时还会影响社会安定。

我们的人际交往、生活和工作都是基于各自的基本信念和价值观运行的。这些信念和价值观汇聚在一起，塑造了不同的人格和性格。即，我们的人格是通过日常生活形成的。青少年期进行反复自我合理化问题行为，就会使不正确的"人格"变得更加牢固，问题行为也会成为一种习惯。一开始看到受害者流血感受到的恐惧、不安和内疚心理，也会随着这类情况的反复出现而变得麻木和习惯，进而发展到冷酷无情的可怕阶段。

○ 因同龄人压力而火上浇油的"青少年的攻击性"

有些孩子会将自己同学被霸凌的视频公然上传至社交媒体中，他们会对同学暴力相加，没有丝毫罪恶感地去分享被霸凌孩子狼狈不堪的模样，还不会对此做任何反省。

青少年期，孩子对同龄人的目光异常敏感。即使明白这是错误的行为，但只要被伙伴稍微怂恿，就很难拒绝。就算朋友做出错误的行为，也不敢加以指正。他们害怕做出不同于同龄人的行为而被孤立疏远。有时候，甚至会为了博得关注而故意表现出错误行为，就像婴幼儿期为了博得父母的关注而做出举动，青少年期也一样会出现。

在研究青少年问题时，应该同时观察同龄人文化。同龄人文化的亚文化（subculture）会对青少年期的发展产生积极影响。找到自己存在的意义，享受同龄人带来的归属感，具有非常积极的作用。但如果将它与青春期的攻击性和"等级文化"画上等号，就会无限趋近于所谓的"帮派文化"。

我曾经治疗过的一个中学生，加入了所谓的"帮派"团体，整天殴打同学，索要保护费，还打群架。他的父母也不明原因，老师提供的学生评价中也只显示他是个具有暴力倾向的孩子，属于"帮派的前锋"。在和这个孩子交谈的过程中，我发现他的想法非常极端，他把自己的暴力行为视同武侠行为。

但当我与这个孩子深入交流的时候发现，作为中学生，他居然对小学三年级学习的词汇和成语都不能准确理解。由于种种迹象都指向发育问题，我们对他进行了更加全方位的检查，结果显示他处于边缘智力障碍的水平。幸运的是，这个孩子的社交能力、审美能力和空间能力都还不错，所以认知发育问题并不突出。发育问题从婴幼儿期就会开始显现，但这个孩子在中学时期才被发现。

我和他的父母进行了交谈。由于家庭条件困难，父母为了维持生计总是起早贪黑地工作，所以孩子从小就被送到托儿所照看，托儿所放假的时候，就被独自关在家里玩耍。从孩子上小学的时候开始，就因暴力行为备受学校指责，但父母总觉得"长大就好了"，并没有将这件事放在心上。当时，认知发育问题被暴力倾向所遮蔽，并没有引起家长和老师的过多关注。这是孩子没有得到足够的关爱、照看、教育支持和治疗的结果。

这个孤独的孩子上了初中后，加入"帮派"，觉得自己终于有朋友了。第一次感受到了归属感和友情。但那些兄弟们，和那些被认为是朋友的同学们，只是通过给予小小的关怀，让他去欺负其他学生，以此来炫耀自己的"权势"。他并没有客观看待这个问题的能力，只是喜欢这些在所有人都孤立自己的时候，唯一带着自己玩的朋友们。

这个孩子的问题并不是一朝一夕就能解决的。这是个包含发育问题、缺乏共情能力（同理心）、缺爱、同龄人压力等各种层面的复杂问题，很难在短时间内得到改善。更重要的是，此时此刻他还无法敞开心扉。

然而，已经到了如此严重程度的孩子却开始发生了变化。事情的转机出现在孩子住院的时候。他在住院时认识的主治医师和青少年治疗中心遇到的带教导师唤起了他改变自己、纠正问题行为的内在动力。他们没有对孩子表现出任何偏见，经常倾听他的故事，让他能够放心表达自己的不安、愤怒和委屈，并教他如何通过交谈来解决自己的问题行为。情绪逐渐趋于稳定，且行动调节能力渐渐恢复的他开始觉得两位"人生导师"坦率和积极的一面让他钦佩，决心追随。

接下来，"带教导师"开始向他介绍自己的职业——宠物美容师。这个孩子的审美和动手能力与这项技术非常吻合。他可以通过与狗狗接触，产生依恋和幸福感。此后，他通过不断学习技术，通过了职业资格考试，成为一名宠物美容师。这是一个青少年期表现出了严重的问题行为，但通过适当干预，形成正向的内在动力，并取得良好结果的案例。

这个案例中，孩子气质中的脆弱与青少年期特有的冲动、攻击性相作用，再加上来自同龄人的压力以及被同龄人利用的挫败感，会对他的攻击性产生一种火上浇油的效果，才形成了这种严重的情况。他的攻击行为从个人问题变成了集体问题，不论是从数量方面还是程度方面都升级了。但就像这个案例所体现的那样，成年人的适当干预可以带来决定性的改变。

在攻击性的三个因素中，如果你的孩子只是在情绪发展方面出现了问题，那么即使他走向极端方向，我们也可以通过妥善处理让他回到原位。所以，孩子身边一定要有一个能够理解他们、帮助他们把握方向的人。如果大人能够稳定情绪，并提供适当干预，孩子就能在极端境地找回方向，发生转变。

希望大家可以回忆一下自己对待孩子出现的各种问题行为时的态度。大家有认真倾听孩子的声音吗？真的有毫无偏见地对待孩子吗？

○ 无视孩子的反抗举动，"独裁专制"的父母造成的悲剧

否认自己的过去是件非常困难的事情，不理智也不值得提倡。孩子的成长过程应该伴随着大家对他童年以及青少年期所有经历和体验的认可与包容。如果那些日子一直都被他人否定着，孩子会怎样呢？

曾有一对找我咨询的父母表示，他们家孩子的青春期来得有些早，刚上小学四年级的孩子看起来就像处在青春期的孩子一样。拒绝和父母交流，总是关着房门，而且，变得越来越易怒暴躁，对父母也充满抱怨与不满，还拒绝和父母沟通。常常说一些"我本来就挺笨的，没什么可看的"之类的贬低自己的话。

据孩子的父母所说，这个孩子小时候非常活泼开朗。孩子小的时候，一家人住在近山的村子里，村子附近还有一大片田野，那时孩子和朋友们一直亲密无间。但是，随着孩子父亲的工作调动，一家人突然搬到了首尔。刚转学到首尔的时候，初次见面的同学总是嘲笑这个说方言的孩子。看到被同学嘲笑而伤心难过的孩子，父母决定从此以后"像首尔人一样生活"。他们希望可以帮助孩子适应现在的环境。

于是，突然之间很多事情都变了。父母对孩子说"不要再说方言了""减少和家乡朋友们的联系吧"。同时，还把孩子房间里的家具、衣服、书包和学习用品也都换成了"首尔风格"的样式。甚至连餐食方面都参照在首尔居住的这个小区的习惯，调整为以西餐为主的形式。他们想通过这种方式彻底改变日常生活中的方

方面面。孩子开始觉得小时候的生活方式和回忆变得既俗气又羞耻。因此，每当接触新的首尔朋友时，就觉得自己非常寒酸，开始习惯性地在乎朋友们的眼色。

有关这个孩子的治疗方法，我向他的父母建议每周进行一次游戏治疗和心理咨询。同时，还提出需要他们与孩子建立亲子沟通时间，来控制变化的速度。不过，在这家医院我就只见过这个孩子两三次，之后他的父母就不再带他来医院了。但是，大约三四年后，我又在医院见到了那个孩子。成为中学生的他变得格外不同，而这次来医院的原因居然是殴打孤立同学等校园暴力和品行方面的问题。

他是个力气非常大的孩子，但并不是为了保护自己不受欺负才采取暴力行为的。他想通过欺负弱小来彰显自己的强大。不顾自己曾经也作为弱小的一方备受欺凌，还说"我也曾因为弱小而被孤立过，现在这些孩子也会因为弱小而被我欺负。弱小就要接受这种待遇"。

他否认了自己成长过程中的所有童年记忆。当初，他的父母让他抹掉过去的自己，而不是在欺负自己的孩子面前展现自己，这种选择本身就是错误的。孩子会变得越来越迷茫，自尊心与自信心也会遭到巨大挫折。这样渐渐积累下来的不满情绪就会通过反抗父母的方式呈现出来。

如果在初期，孩子通过反抗父母来表达自己的不满情绪时，父母能够读懂这种不满，并努力安抚孩子的情绪的话，现在会是什么情形呢？如果做到这一点比较难，那么坚持不懈接受专家的帮助又会有怎样的效果呢？现在想来，还真有些可惜啊。孩子小时候应该经历了一段非常艰难的时期，毕竟自己过去的所有经历总是被身边最亲近的人否定着。那时，父母认为孩子上小学的时候虽然表现出反抗情绪，但并没有拒绝上学，也没有逃课，所以就觉得应该没有什么问题。也许从学业的角度来看，并没有什么问题。但扭曲的亲子关系和封闭的友情发展导致的情绪问题，并没有引起这对父母的重视。

从婴幼儿期开始到青春期，对于一个孩子来说，长得高、长得壮，会成为一种表现攻击性的手段。他开始利用旺盛的精力和强大的力量来发泄自己的愤怒。对于这个孩子来说，这是个弱肉强食的世界。他说他必须变得更加有力量，成为一个有用的人，才能在这个世界生存下去。

我们在生活中最看重的东西，往往是从小通过父母耳濡目染学到的。这就是为什么父母在教育孩子之前，要先自省。如果想让孩子更加自信，就需要先让自己自信起来。

如果孩子在融入新环境的过程中表现得难以适应，强行换掉他所熟悉的所有东西，对于适应新环境是没有任何帮助的。不过，我们可以尝试性地增加一两件新事物来帮助他循序渐进适应新环境。如果孩子在学校没能交到新朋友，那么可以安排他参加各种不同的小组聚会，先结识一两个好朋友。

当孩子能够堂堂正正，大大方方接受自己的形象，曾经嘲笑过他的同学也会逐渐认同孩子别具一格的个性。即便是孩子，也会更喜欢自信的同龄人（相比于自卑的同龄人），不敢随意欺负他们。

一定要警惕孩子的过分早熟或将快速适应新环境作为目标。大脑的功能和适应环境的速度是固定的，如果父母强迫孩子以不合理的速度适应环境，孩子的思想和心情就会出现"故障"，逐渐演变成压力和挫折，进而产生自卑心理和错误想法。

我们要按照孩子的节奏和速度去培养他，这样才能让他们健康成长。

04 游戏和社交媒体成瘾带来的 认知扭曲问题

○ 网络世界中的无限可能 VS 过度刺激

看到整晚都坐在电脑前熬夜玩游戏的孩子，想到他们白天不会好好上课，很多父母就会开始焦虑、担心。还有一部分家长会担心那些一有空就玩电脑的孩子，即使他们没有严重到影响学校课程的程度。如果允许孩子玩游戏，应该让他们玩到什么程度呢？父母出于不想和孩子发生冲突，也希望孩子能够从繁重的学业中抽离出来稍微放松一下的心愿，大多愿意让孩子玩一玩电子游戏。但他们也怕孩子会过度沉迷游戏，影响到学习成绩。另外，还有一些父母比较担心不让孩子玩游戏会影响到孩子的交友和社交情况。在所有同学都玩过这个游戏的情况下，只有自家孩子没玩过的话，会让孩子很难插入到同学的讨论中去。家长对于游戏相关的烦恼涉及方方面面。尤其是当孩子步入青少年期的时候，父母多多少少都为电脑游戏的问题烦恼过。

网络与社交媒体相关问题是父母在子女经历青少年期的时候最烦恼的问题了。对于希望子女能够专注学业的父母来说，游戏似乎是占据孩子大量时间并制造亲子间矛盾的主要因素。孩子过度沉迷游戏，很可能会在现实生活中面临严峻考验，造成社交能力低下等问题。当孩子长期接触暴力刺激性内容，就会开始模糊游戏与现实的界限，模仿游戏中的暴力动作。而且，这类游戏中大多附带赌博与成人广告，所以很可能会让青少年接触到不良信息。

但很显然，时代已经改变了。如果只按照父辈的经验认识这个世界，用过去的眼光看待现在的孩子，就会导致沟通障碍。对于那些不了解网络世界的父母来说，应该主动向孩子寻求帮助。

网络世界远比父母想象得多姿多彩。它不再只是网络游戏的载体，而是一个全新的世界。当我们因为各种传染病需要保持社交距离时，我们可以通过网络购物来购买各种生活必需品，通过在线会议实现居家办公；我们可以通过网络在线浏览世界各地的风光，也可以随时与世界上任何一个地方的人进行对话。电子邮件、线上讲座、网络咨询、网上购物、线上会议等网络世界充满无限可能，展现了新的愿景，同时也推动社会向前发展。从某种角度来看，网络世界是青少年应该学习和开拓的领域，也是他们未来的工作场所。

网络中的虚拟世界比真实世界更加绚烂多姿。虚拟空间（cyber space）让我们体验到不存在于现实生活中的场景。因为不存在时空的限制，它可以帮助我们实现各种天马行空的想法。对于处在信息时代的孩子来说，网络世界非常重要。在这个世界中，孩子有机会获得父辈从未想象过的巨大经济利益。

既然如此，我们为什么还要担心或限制孩子接触网络呢？那是因为，这与青春期的特征相吻合。网络世界如此华丽，充满了无限可能，但也正是因此聚集了许多刺激性的、有害的内容，诱惑着孩子。如果正在发育的青少年对这些内容或游戏上瘾，就会对他们的身心造成很大伤害，甚至留下后遗症。这会阻碍孩子的正常发育，甚至导致孩子的各项功能出现问题，需要花费漫长的时间去治愈、恢复。

○ 10 多岁孩子的大脑额叶变得脆弱，易上瘾

大家还记得我们在前面提到过的内容吗？ 10 多岁的大脑，尤其是额叶正在努力进行"修剪活动"。10 多岁的孩子正处于提高认知功能的阶段，这个时期也会暴露出情绪调节的脆弱。大脑额叶的修剪活动降低了自我调节能力，增加了对某些刺激上瘾的风险。一般对于成年人的大脑来说，不管多么有趣的游戏，只要重复几遍就会产生枯燥乏味的感觉。并且，一想到第二天要完成的工作、

设定的计划，就会开启"自我控制"。但 10 多岁的大脑自控能力较差，会希望继续接收这类刺激，进而陷入过度重复的上瘾状态。

游戏为易冲动的 10 多岁的大脑带来了强烈的感官刺激。由于青少年期的大脑极易冲动，所以会变得非常喜欢刺激的、给感官带来不同感受的体验。因此，比起文字类内容，孩子更容易被缤纷的画面、新鲜的事物或充满刺激性的游戏所吸引。

通过游戏创造出的亚文化氛围也是青少年们沉迷其中、无法自拔的原因之一。大家听说过"MMORPG"吗？MMORPG是"大型多人在线角色扮演游戏（Massive Multiplayer Online Role Playing Game）"的缩写。如今的游戏模式已经不是靠单纯个人作战获得成就的形式了，而是以一群人组成一个团队，通过分配角色，完成各自角色所需要完成的任务来实现共同目标的形式进行的。一群互不相识的人通过游戏组成团队，所以，当团队中出现一位高技能玩家时，大家都会对他比较友善且愿意听从他的指挥。看到游戏中认可度和待遇都极好的高级玩家，青少年大多都会心向往之。看到职业玩家赚取的高额报酬，其他玩家也会希望自己能在游戏世界中获得同等地位。

游戏世界是有组织，有等级地位的存在的。升到较高等级需要花费大量时间才能做到，但有时也可以通过购买道具来实现一键升级，也就是通过金钱改变"地位"。在这类游戏中，可以创造出以玩家为中心的亚文化。玩同一种游戏的孩子会聚集在一起，而技术水平越高的孩子在现实生活中越受欢迎。与此相反，干脆不玩游戏或技术水平较差的孩子在现实生活中会显得有些自卑。我们可以在网络上创造属于自己的世界，而我们在网络世界中呈现出的样子也会投射到现实世界中。

这种游戏的特点对于那些沉迷力量和权力的青少年男孩具有相当大的吸引力。而那些更加关注情绪价值和人际关系的女孩，或者对等级制度不感兴趣的男孩，则更容易沉迷于社交媒体，即SNS。社交媒体与网络游戏类似，一样可以让孩子在虚拟世界中表现自己，结交陌生人，建立关系网。虽然，社交媒体并不会公开等级或排名，但关注人数和点赞数会让人产生"自己的影响力在逐渐扩大"或"自己成了非常重要的人"等错觉。不过，以展现和炫耀自己的生活为基础的社交媒体，存在许多复杂的问题，比如容易产生自卑心理，或对陌生人进行疯狂的情绪攻击等行为。

网络游戏和社交媒体都属于一种新型文化，包含了许多足以让青少年沉迷的元素。

○ 网络成瘾的四大因素

并不是所有青少年都会沉迷于网络世界。大多数孩子一般都会适当玩乐，而后及时自我调整。全神贯注一段时间，对游戏的基本结构充分了解后，就会慢慢失去兴趣，渐渐放弃这个游戏。因为大多数的游戏都遵循类似的模式，只要曾经深入了解过某个游戏，就不会那么容易沉迷于其他游戏了。那么，哪些孩子更容易沉迷网络游戏呢？这与最近关注度较高的一项讨论有关，即

"游戏中毒（网络游戏成瘾）是否应该被视为精神疾病"。

让我们先来看看"游戏中毒（网络游戏成瘾）"的孩子都有哪些特性吧。自控能力较差，为了躲避父母的"目光追踪"，作息方面经常黑白颠倒。由于昼夜颠倒，白天在学校无法集中注意力学习。很难与不玩游戏的同学沟通，社交关系的维系全靠游戏等。由于"游戏中毒"，孩子被带到医院就诊，大多都是因为孩子的成绩下降或校园生活出现问题。这代表此时上述特性已经体现在孩子身上了。而游戏成瘾的孩子身上还有可能出现食量减少、体重减轻等更严重的症状。

根据首尔大学的研究显示，网络成瘾的孩子有一些共同特征。因此，如果你的孩子表现出下述四种倾向，就应该开始警惕孩子的网瘾问题了。

第一，缺乏社交活动的孩子更容易染上网瘾。从小就缺乏情绪或精神抚慰、时常感到孤独的孩子更容易出现这种情况。没有特别亲密的朋友，或曾经被孤立过的孩子会格外害怕交朋友。人际关系是建立在信任之上的，如果曾在人际交往过程中受到过伤害，那就可能会导致不善于建立新关系，或不愿意建立新关系的情况。

在社交活动中无法获得成就感，或经常被大家认为"比较愚笨"的孩子也很容易对网络上瘾。成绩差或没有特长的孩子一般缺乏关注或社会认可，这类孩子会试图通过网络来满足自己的表现欲，这就是他们对网络或游戏上瘾的主要原因了。

第二，适应能力较差的孩子也很容易网络成瘾。有一些孩子无法处理好学校中与老师和同学之间的关系，家庭中与父母和兄弟之间的关系也不太和睦。对校园生活不感兴趣，并且不论是校园生活，还是家庭生活都让他们较难适应。这类孩子一般缺乏沟通，所以白天能够进行的活动非常受限，因此总是荒废大量时间。

　　我们稍后会讲到解决网瘾问题的有效方法，其中就包含"规划白天也可以进行的活动"。但对于那些适应能力较差的孩子，即便为他们提供替代网络游戏的方案，他们也很难做到。因此，他们很容易再次陷入网络游戏的诱惑中去。对于他们来说，能够放心依靠的就只有游戏世界了。

　　第三，自卑也会成为网络成瘾的因素。有些孩子会说自己只会打游戏，至少在游戏中能被大家认可。青少年正处于寻找身份认同的时期，而这些孩子却试图在游戏中确认自己的身份。

　　为了通过游戏找到身份认同，越来越多的孩子开始梦想成为职业游戏玩家。这些孩子并没有对其他领域做充分了解和观察，也没有对自己进行足够的审视，却将游戏这个只是为了补偿自己的自卑心理而盲目投入的领域作为自己的人生目标。

　　这样，当自己沉迷游戏的时候，就可以以"我正在为未来的梦想而努力奋斗着"为借口来安慰自己。但这其实只是一种幻觉，因自卑心理导致的网瘾是身份认同混乱的结果。

　　第四，如果曾经有过发育方面的问题或精神健康方面的问题的孩子也会容易染上网瘾。我们可以认为，是因为孩子的基底出现了问题，导致他们对游戏上瘾。比如，那些患有抑郁症或焦虑症的孩子，患有 ADHD 或情绪控制障碍的孩子就属于网瘾多发人群。

○ 对游戏上瘾是一种病吗？

可以将游戏成瘾诊断为一种疾病吗？世界卫生组织 WTO 认为"可以"。对网络游戏上瘾能否归类为疾病取决于游戏成瘾引发了 ADHD、抑郁、不安、冲动等问题，还是 ADHD、抑郁、不安、冲动等问题引发了游戏成瘾。

人们对于游戏成瘾的担忧主要在于，过度沉迷网络游戏会导致额叶功能受到损伤，出现 ADHD 的症状，社交关系渐渐恶化，出现抑郁情绪，且攻击性会大大增强。也就是说，游戏成瘾作为原因，引发了一系列的附带问题。所以，我们可以将游戏成瘾视为一种疾病。

与此相反，研究儿童与青少年发展问题的学者认为游戏成瘾是孩子现有的 ADHD、抑郁、不安等症状导致的结果。这不是一种疾病，而应该被视为一种并发症（complication）。并且，治疗目标也不应该是游戏成瘾，而应该是引起"成瘾"的根源性疾病（ADHD、抑郁、不安）。身心健康的青少年即便喜欢游戏，甚至沉迷其中，也有能力在上瘾前及时遏制问题的发生。

当然，从游戏公司的角度来看，他们更倾向于认为游戏成瘾是一种结果。但许多精神健康医学专家认为青少年的游戏时间应该被控制，这是一种从早期就需要开始治疗的疾病。但归根结底，这两种问题其实是相互作用的。发育问题和心理问题引发游戏成瘾，而游戏成瘾也可能造成心理问题，他们之间形成了恶性循环。正如我们之前看到的一样，对游戏上瘾的孩子情绪上会较为脆弱，而这种"上瘾"也会导致这个问题的进一步恶化。因此，与其区分原因和结果，不如及早进行治疗，然后针对重点病因持续治疗。

就我个人而言，我认为应该区别对待普通的青少年游戏成瘾问题和情绪脆弱的孩子游戏成瘾问题。对于一般的青少年来说，由于网络游戏和社交媒体与时代发展的方向息息相关，所以盲目阻止和回避是不可取的。而且，这也不符合时代发展的规律。

对于那些情绪易受影响的孩子身上出现的游戏成瘾问题，可以先检查一下这种问题是不是由奖赏缺陷综合征导致的。奖赏是人在完成某项任务后渴望被称赞的心理欲望。奖赏缺陷综合征是一种内心缺乏赞美的综合征。而每个孩子对于赞美的程度和标准都各不相同。有些人只要听到一声赞美或者鼓励性的摸摸头，就会感到心满意足。而另外一些人则需要得到金钱或者物质上的奖励，才能感受到内心的充盈。当然，也有一些人渴望获得其他形式的奖励。

在我们的大脑中，担任奖励评估的"奖赏回路"多种多样。奖赏缺陷综合征是由于杏仁体中产生的多巴胺出现了问题，导致杏仁体到额叶的奖赏回路出现异常，需要更强的奖励刺激。只有在物质和游戏中体验到的即时的、强烈的刺激才能让他们感到满足，所以他们才会不断地追求并专注于此。

杏仁体和额叶是青少年期最值得关注的两个大脑区域。网络成瘾正是因为连接这两处的回路出现了问题。我在研究这个问题的时候发现，男孩的这种奖赏回路尤其脆弱，并且这种回路比较脆弱的孩子更容易依赖于网络游戏。

当大脑额叶中扣带回出现问题的时候，也有可能会产生奖励缺陷方面的问题。在我们的大脑中，额叶负责最高层次的思考。而额叶中的扣带回则负责协调思想和情感，起到平衡理性思考和感性思考的作用。如果这个部位不能正常工作，会出现什么问题呢？

当理性和感性发生冲突的时候，我们一般会感到非常苦恼。而扣带回可以帮助我们找到其中的平衡点。扣带回出现"故障"时引发的连带问题中，就有一点是关于奖励缺陷的。额叶，特别是扣带回会延缓奖励和刺激，帮助我们专注于现实层面的问题。

比如，考试期间，扣带回帮助我们抑制看电视的欲望，让我们打开书本继续学习。但当扣带回出现问题的时候，我们就会无法忍受延迟奖励或刺激，必须立刻采取行动感受到奖励（刺激），无法忍受片刻的延迟或抑制。想看电视就得马上看，想玩游戏的时候，如果不能马上玩游戏，情绪就会不可抑制的爆发。出现在奖赏回路上的问题，就会进化成"易上瘾"身体结构。

大脑会随着天性和环境的相互作用发生变化。如果大脑的奖赏回路从一开始就非常脆弱，从小就需要强烈的奖励和刺激，那么为了强化这种回路，今后也需要不断重复着强烈的奖励和刺激。如果孩子刚出生就习惯于抚养者给予的强烈刺激和奖励，那么在他的成长过程中也需要同样的奖励和刺激。不论是受到先天影响还是后天环境影响，两个因素的相互作用可能会造成注意力缺陷综合征、依恋障碍或奖赏回路方面的问题。

10多岁的大脑渴望挑战极限，体验新鲜事物。如果从小就因为这些原因导致大脑结构非常脆弱，那么在青少年期出现"上瘾问题"的危险性就会大大增加。如果孩子从小就非常渴望获得奖励，那么在他10多岁的时候，家长就需要更加仔细照看了。

在网络游戏还未普及的时代，青少年的大脑对化学药剂上瘾的概率较高，而如今这种上瘾风险已转移到网络游戏方面了。顺便提一句，随着网络成瘾率的上升、滥用药物以及胶水中毒等化学成瘾现象正在大幅度下降，上瘾问题逐渐从化学物质转移到了网络游戏。有些学者认为游戏成瘾比化学成瘾更健康。因为化学成瘾会彻底摧毁人的身体和大脑，会产生严重的身体依赖，严重损伤细胞和大脑皮层，甚至引发二次后遗症，并持续很长一段时间。相比之下，只要行为人对沉迷游戏的行为做出改变，恢复健康的速度就比较快了。我们也可以认为，游戏成瘾比化学成瘾带来的后果更轻微。

即便如此，游戏成瘾也不是一个可以轻易解决的问题。作为父母，要认识到成瘾的问题是大脑造成的，不应该单纯逼迫孩子放弃玩游戏，应该寻求更专业的帮助。与过去的化学成瘾问题相比，网络成瘾的治疗效果更好，但也需要多方协助。

○ 缺乏时间活动的孩子

游戏成瘾的孩子在接受治疗时，有个必经的程序，那就是，会有人向他们推荐许多可以在白天进行的日常活动，让他们有更多的选择，感受到更多快乐。

那么，如果我们想为自己的孩子制订白天的活动计划，可以写些什么呢？99.9%的父母都会选择安排学习相关的活动。不论是以线下补习班的形式，还是在线课堂的方式，基本都是以语数外为主的非美育类课程。父母大多希望孩子可以充分利用这段时间来学习。

如果向孩子提出同样的问题，会得到什么答案呢？越是游戏成瘾程度高，大脑结构变得脆弱的孩子，越没有能力想出更多方案。可能只是写出足球、棒球之类的球类运动，或勉强写一门自己相对比较喜欢的科目。如果我们按照父母的要求，为这些孩子制订一份以学习为主的时间计划表，会怎么样呢？孩子会再次选择逃避。我们需要为 10 多岁的孩子提供一个能够激发他们的自主选择和自我驱动能力的活动，但在我们的认知中这类活动种类十分有限。

其实最好的方式是让孩子和家人一起度过美好时光，但这并不简单。因为那些因游戏上瘾而内心脆弱的孩子，往往极度缺乏家人的陪伴，再加上经济方面的困难，我们很难为他们提供其他替代方案。而且，对于10多岁的孩子来说，突然告诉他们要和家人多多相处，他们也无法适应，更不会喜欢。对于从小就没怎么与家庭相处或参加亲子活动的孩子来说，在快要成年的年纪突然改变也并非易事。

除了提出替代方案以外，父母还需要了解一些信息。比如适当的睡眠时间，10多岁的孩子在一天24小时中，需要保证9小时的睡眠时间。在一天24小时中除去9小时的睡眠时间，剩下的15小时再去掉进餐和卫生管理所需时间后基本就只剩下12小时了。而父母需要保证这12小时中的一半，也就是6小时，作为活动时间。人类的身体构造要求我们做到这一点。

这些要求和孩子实际的时间安排有什么不同呢？大多数的孩子不仅将剩余的12小时都投入到学业上，还通过减少睡眠时间来补充学习时间。所以，实际情况中主要有两个问题，一是睡眠不足，二是活动时间不足。看来理想和现实的差距还是非常大的。

10多岁的孩子充满活力，随着身体的迅速发育，需要大量的活动进行消耗。只有消耗大量的能量，才能实现身体和精神方面的均衡。我们在这里所说的"活动"不仅仅是锻炼身体的体育活动。文学、艺术、体育活动都需要兼顾。另外，也可以进行一些包含家务劳动和自我管理在内的其他活动。很多活动都可以通过消耗能量来帮助孩子保持各方面的均衡和健康。但现实问题是，我们没有给10多岁的孩子提供足够的时间去开展更多活动。

如果能量消耗不足，活动需求得不到满足，孩子的大脑发育就会受到影响。当前孩子需要接受的理性和逻辑方面的学习量是巨大的，但涉及情绪和身体需求的活动却十分稀少。所以，（就像前文中提到的）扣带回为了支撑孩子大脑的日常活动正艰难运行着。

在这种时间安排不均衡的日常生活中，通过智能手机接触到的游戏成为巨大诱惑。最近上架的游戏中，有许多是可以利用碎片化时间来持续通关的。孩子通过玩游戏轻松地满足了消耗能量和获得刺激的需求。因此，如果不让孩子继续玩游戏，他们就会觉得自己被限制住了，什么都做不了。在极端情况下，有些孩子甚至会因为手机被没收而表现出异常暴躁的模样。孩子很容易沉迷于智能手机中的社交媒体与游戏带来的刺激。

○ 10 多岁孩子对游戏的欲望，应该控制在哪种程度范围？

沉迷游戏的孩子都很危险吗？他们都有很高的成瘾风险吗？

大多数孩子都具备惊人的恢复能力，即便他们的日常时间安排不均衡，或一直与危险因素——游戏接触。孩子也能够通过延迟满足来控制自己。而延迟终结时间通常定在高考结束后。很多孩子都会接受"高考"这个任务，并最大限度的延迟满足欲望的时间。部分孩子想通过碎片化游戏时间来短暂地消耗能量，满足欲望。看起来，他们正试图寻找一个出口来延迟满足他们的欲望，即使是片刻。而这类游戏的内容和结构也都是根据 10 多岁孩子的需求设计的。

因此，我们不能固执地认为延迟满足是消极的表现。这也许是一种妥协。可能是额叶中的扣带回为了保持平衡发挥了自己的功能。所以，它不只是延迟和抑制欲望的行为，还是通过合理化自己的行为来与自己达成的协议，即"忍过这个时期就会获得巨大回报"。如果这种方式（玩游戏）能让孩子的需求得到短暂的缓解，那么或许这就是孩子延迟满足后，仅剩的 1% 的放松方式了，没必要严防死守。只要孩子能够与父母分享游戏的基本信息，父母能够控制孩子玩游戏的时长并和孩子进行充分沟通，让他们接受这种"控制"（一定程度的游戏时间），其实无伤大雅。

○"无限可能"与"危机四伏"共存的网络世界

互联网和智能手机问世还不到 20 年，但他完全改变了我们的生活。现在我们几乎无法想象没有互联网和智能手机的生活会变成什么样子。网络世界的魅力在于它提供了一个空间，让我们可以尽情发泄自己的欲望和情绪。不仅是 10 多岁的青少年，所有人都可以在网络世界中发泄自己的情绪和压力，尽情发挥自己的想象。只是青少年期的孩子投射在网络世界中的力量更强大。

少儿期太过幼小，自我探索的欲望较弱；而成年期自我定位基本树立，很少会做出格的事情。青少年期刚好是一个不断探索，不断试探极限的时期。这个时期的孩子还没有准确的自我定位，渴望通过尝试新鲜事物去探索、了解自己。他们试图将每时每刻所体会到的不同刺激投射到网络世界中，而这种尝试可能会为孩子提供机会找到新的自我。

在大家所熟知的门户网站的搜索信息上留言的，大多数都是10多岁的年轻人。青少年的信息检索能力非常强，他们可以通过网络检索工具搜索到自己需要的信息。他们也会将搜索到的信息发布在百科网站上。这些信息的准确性和搜索难度都不低。所以，我们认为网络世界可以为孩子提供更多机会。

网络世界不同于现实世界，它可以超越所有的界限。可以随时随地与他人获取联系。还能不受时空的限制，和地球另一端的人见面。对于那些想要测试自己极限的青少年来说，这种空间非常符合他们的理想标准。

曾有过一个非常有趣的实验。研究人员制作了一件非常复杂的机器设备，然后分给了11岁、15岁、25岁、35岁、45岁、55岁和65岁的受试者。结果，55岁以上的受试者根本没有尝试去使用这个设备，就直接放弃了。11岁的孩子则选择求助他们的父母。这个年龄段的孩子的智力水平还没有发展到独自解决遇到的困难和问题。最后，这场实验成了15岁和25岁年轻人之间的较量，而15岁的年轻人以更快的速度熟悉了机器操作。为什么会这样呢？因为10多岁的孩子不怕犯错。而20多岁的年轻人会因为害怕碰到不该碰的地方导致机器出现故障，以至于不敢轻易尝试。但10多岁的孩子不怕失败，他们会遵从自己的想法和方式去试验，也就以更快的速度熟悉了操作流程。10多岁的孩子可以通过试错，更快掌握新工具的用法。

10 多岁的孩子所具备的挑战意识和适应能力，能够帮助他们迅速接受最新发布的应用软件和程序。孩子很善于尝试新鲜事物，而一旦他们明白使用的窍门，就能熟练掌握这个软件和程序了，而且还会把它安利给周边的朋友们。10 多岁正是认知能力和情绪能力达到顶峰的时期，这个时期是孩子一生中适应能力（爆发力）最强的时期。不过，孩子虽然拥有极强的认知能力和情绪能力，但他们的各项能力还未得到均衡发展，也没有坚定的目标导向。

　　虚拟空间成为展现 10 多岁青少年能力的好地方，对新鲜事物无所畏惧的青少年，有时还会自己编写逻辑或程序。他们会把自己发现的信息提供给开发人员，还会为自己使用过的软件和程序写评论。这种"10 多岁孩子的评论"有时会对开发人员产生极大帮助。

　　但是游戏和网络上的幻想投射可能会模糊青少年的现实感。当一个在网络世界中很受欢迎的孩子在现实生活中却无法体验到相同待遇的时候，就会越来越渴望"网络世界的自己能够取代真实的自己"，也就有可能导致孩子背离现实世界。这也是造成网瘾的一个重要因素。

　　匿名会让人暂时失去自我控制，这也是我们主张"游戏成瘾是一种疾病"的主要原因。虽然游戏本身就会让人上瘾，但游戏中的匿名能让很多人随心所欲，毫无负担地发泄自己的情绪。而一旦适应这种发泄方式，就会想要通过网络游戏发泄更多情绪，甚至有可能在线下也不可抑制地直接表现出同样的愤怒情绪。

人会变得唯我独尊，就像在网络世界里一样，觉得自己的地位最高，认为万事万物都应该由自己掌控和引导。开始无法区分现实世界中的自己和网络游戏世界中由于级别高而备受吹捧或遭受谩骂嫉恨的自己。

○ 试图通过游戏来克服自卑的孩子

当你想要针对孩子玩游戏的问题做出改变时，可以先搞清孩子的现实情况：他是游戏成瘾的孩子，还是只在日常生活中偶尔玩一玩游戏的孩子？

其中，存在上瘾症状的孩子就需要寻求专家的帮助了。比较典型的例子是，哪怕不睡觉不上学也要玩游戏的情况。如果是这类孩子，首先就需要让他自己意识到处理好游戏和生活之间的平衡有多重要。因为，下一阶段的治疗能否成功，取决于孩子是否愿意做出改变。只要孩子愿意做出改变，那么当我们处理好伴随着游戏成瘾引发的抑郁、不安、冲动等问题，孩子就会更加积极主动地接受治疗。

最初开始治疗的时候，很多孩子都没有什么特别的想法，但当他们通过咨询敞开心扉，就会开始表现出积极的治疗态度。一些孩子会通过网络搜索自己的症状，学习相关内容，并将资料交给我。我非常欣赏这种积极的态度。我会仔细查看孩子带来的资料，并与他讨论应该如何治疗他的症状。之后，我还会给他布置作业，让他搜索一些不同方向的资料。这种具有积极改善意愿的孩子，治疗过程就会又快又好。患者是否愿意进行治疗，对于精神健康医学方面的病症以及大多数治疗都至关重要。

如果孩子有想要改善的意愿，那就应该先帮助他纠正认知缺陷。沉迷游戏的孩子通常存在认知上的扭曲。他们试图通过游戏来克服自己的自卑心理。他们会认为自己比较笨，没什么擅长的事情，只有在游戏中才能够受到尊重和认可。在这种情况下，我们应该先帮助他们提升自信心。因为此时此刻孩子只看到了自己存在缺陷的一面，并主动排除了一切能够看到自己优点的角度。所以，通过纠正认知缺陷的心理治疗方法，认真安抚孩子的内心，问题才会有所改善。网络成瘾的问题也应该参考认知缺陷的治疗方法，这样孩子才能有改变的空间。

最后，我们还需要获得广泛的社会支持，而社会支持的关键在于家庭。即便孩子有改善的意愿，但只要环境没有发生改变，就有再次陷入网络游戏世界的危险。为了预防这种情况，我们通常会建议父母加入孩子的替代活动中去。父母可以和孩子分别写下在学校，在家里能够做的事情，并互相分享。当然，最重要的是父母和孩子要一起行动起来，实现这个替代方案。

这些方法并不会让孩子在短时间内发生巨大变化，但只要能够坚持不懈对问题进行积极干预，孩子就会逐渐摆脱彻夜玩游戏的上瘾状态。父母需要让孩子通过完成白天的替代活动产生成就感。这样孩子才会自然而然地产生控制时间的观念，继而脱离游戏世界。

游戏成瘾是一个复杂的问题，会在特定时期，特别是少儿期、青少年期引发适应性、发育、社交、功能方面的问题，但预后相对良好。因为它不是直接导致脑损伤的化学物质中毒，所以它与香烟、药物等化学物质中毒呈现不同状态。所以，积极干预十分必要。

对于数字时代来说，网络空间是一个让我们拥有自我认同的全新空间。当然，这也成为日常生活的一部分。对于青少年来说，这个空间带来的刺激是巨大的、危险的，需要他们时刻保护好自己内心脆弱的一面。在有必要的情况下，需要采取积极干预或寻求帮助。如果情况并不严重，那么希望父母能够理解"时间是药"，孩子是可以自愈的。

事实上，在游戏相关的问题中，比起游戏成瘾方面的问题，由游戏激发的父母和子女间的矛盾作为二次伤害，更难解决。此时，仔细思考替代活动来努力平衡线上和线下生活是非常必要的。同时，也希望父母能向孩子学习，体验并了解网络世界。有父母参与的情况下，孩子网络成瘾的风险就会大大减少。

这对父母自己也有好处。大家还记得前文中的例子吗？ 55 岁和 65 岁的受试者拿到一个新设备后根本没有尝试就直接放弃了，这是非常不可取的行为。步入中年的父母也需要努力了解这个新世界。在网络游戏已经非常普遍的情况下，如果无条件将其视为危险并坚决抵制，新一代的年轻人就只会把父母视为"落后的一代人"，并下意识地开始疏远他们。无法适应新世界的中年人反而有可能成为这个时代的"落伍者"。

孩子渐渐长大，成为 10 多岁的青少年之时，父母也开始迈入中年。而中年正是最应该与青少年高度交流的时期。在这个时期，人们会逐渐感受到自己一直以来的人生模式开始落后于时代的发展。不仅仅是网络知识方面，世界上的所有知识都是如此。世界的变化如此之快，以至于如果我们不能持续更新自己的知识体系，就会被淘汰。比如我所从事的医疗行业，年轻人在 30 岁出头的年纪考取了医师执照也需要不断学习。否则，到了 50 岁的时候，就不能作为真正的医生去医治病人。由于医学研究日益发展，传统知识体系中的某些部分甚至全部会被颠覆，所以要一直抱着学习的态度努力工作。

希望我们的下一代可以将"终生学习"贯穿一生。父母为什么不在试图改变孩子之前先改变自己呢？开始学习新知识，然后再和孩子友好沟通，或许更有成效。

○ 在虚拟空间对"点赞"越渴望，内心就越孤独

虽然我不确定男女之间是否存在差异，但临床结果显示，10 多岁的男孩更容易沉迷于网络游戏，而 10 多岁的女孩则更容易被社交媒体所吸引。游戏世界存在于虚拟空间中，这与线下的真实世界完全分离，而社交媒体则是现实和虚拟的混合体。在这个世界，我们可以接触到非常熟悉的亲友，也可以与完全不认识的陌生人建立联系。游戏和社交媒体在满足人们在网络世界中寻找

新自我的需求方面是相似的，但社交媒体更专注于"关系"和"认可"。

为什么要使用社交媒体呢？如果你作为父母目前在使用或曾经使用过 instagram 和 facebook，那么不妨先问问自己。人们可以在这个空间见识到前所未有的社会关系。社交媒体是一个"支持他人"和"渴望获得认可"相混合的空间，是一个可以满足彼此的渴望，也可能使彼此间的渴望发生冲突的空间。渴望获得"点赞"和渴望获得认可的需求是关联着的。但讽刺的是，研究表明这种需求越强烈，就会感到越孤独。因为，人们总是会渴望获得更多认可。

别人的日常生活可能会让我们感到空虚。我们会拍下日常生活中最精彩、最美丽、最辉煌的瞬间，汇聚了这些瞬间的社交媒体展现的世界与我们自身所处的现实世界天差地别。这就会让我们产生一种相对剥夺感②。产生一种竞争的想法，想要以更夸张的方式展现自己。所以，会有一些人为了确保自己的相对优势，选择性地分享自己的日常生活，甚至去分享一些歪曲的事实或编造的故事。这是在"我也能做到这一点""在这方面我更强"的心态驱使下做出的行为。

当然，每一代人一直在做这种事情。回想一下父母那一辈人的"同学会"，可能就更加明晰了。如果"同学会"是我们在线下

---

②译者注：是指个体或群体通过与参照群体比较而感知到自身处于不利地位，进而体验到愤怒和不满等负面情绪的一种主观认知和情绪体验。

看到的进行比较的场所，那么社交媒体就是线上的比较场所，只不过在社交媒体中参与比较的对象和群体更丰富。如果通过社交媒体的交流，感受到的不是满足，而是不足和孤独，那么感受到的相对剥夺感就会更强烈。

我曾经也想过要不要在社交媒体上发布个人内容。但这要比想象中更勤快才行。有人说，别人的生活会激励你更加努力地生活，但我觉得这只会让你更加努力地"包装"好自己。我曾想过，既然有心思能在社交媒体上给不认识的陌生人"点赞"，为什么不能花费更多的时间在家人、朋友和同事身上呢？

成年人具备较强的抑制能力，能在适当的时候及时停止自己的行为。但10多岁的孩子很难控制自己，也很难停下来。另外，如果成年人对交流对象的亲密度要求是10的话，那么10多岁的孩子对彼此亲密度的要求可能达到10倍以上。所以，使用社交媒体的孩子希望获得更多的"点赞"，希望得到更快的回应，希望他人对自己发布的文章或评论给予更积极的反馈。但是每次都获得这种反馈是非常困难的，因此孩子经常感到挫败。而这种心情也会影响到日常生活，让孩子时常感到失落。

10多岁孩子的依赖性也比较强。根据调查显示，他们比成年人更容易受到社交媒体红人的影响。孩子会将自己对事物的判断依赖于自己所憧憬的社交红人身上，并对他们发表的观点深信不疑。这些易于建立联系且内心脆弱的孩子很容易被别有用心的成年人所利用。在现实生活中表现得较为自卑，依赖性较强的孩子就容易被这种心怀叵测的人欺骗。开始对异性产生好奇心的青少年，本身就容易忽视这种居心叵测的接触所隐含的真实目的。

我对使用社交媒体的孩子较为担忧的不仅仅是他们所表现出的失落、自卑和羞愧等情绪，还有他们变得更加激进的态度。最近，越来越多的校园暴力和霸凌问题正在向社交媒体转移。越来越多的孩子因为在网络上被孤立，想要自杀。在能够轻易表达喜欢和厌恶的网络世界受到排挤时，孩子的内心会受到巨大的冲击。由于社交媒体上的霸凌超过了时间和空间的限制显得更加集中，而且这种霸凌还会以文字的方式呈现，让被孤立的孩子能够反复看到，造成二次、三次伤害。

网络空间和社交媒体中有很多积极的地方，我们希望孩子能够取其精华，去其糟粕。但网络世界的复杂性和 10 多岁孩子的大脑发育碰撞，就不会是一个简单的问题。而且，社交媒体带来的问题还不容易被父母察觉。

为了避免社交媒体带来的问题，父母和子女之间需要更加坦诚、知心地对话，这是件非常重要且理所当然的事情，也是父母和青少年子女关系中最容易被忽视的部分。只有给孩子带来情绪上的满足，才能确保孩子的身心健康，特别是自信心方面。平时就和孩子充分沟通，他们才会在遇到问题的时候毫不犹豫地向父母倾诉。充分沟通可以大大减少孩子试图通过错误的人在错误的地方弥补自己情感缺憾的行为，也可以让孩子更加安全且愉快地使用社交媒体。

○ 追星——我的孩子沉迷于粉丝应援活动

有许多孩子迷恋艺人或偶像（也有大人哦）。有时还会不惜逃课去观看偶像的演唱会，热衷于收集偶像的贴纸（艺人相关商品），观看偶像出场的 Vlog 或现场直播。这种观察、收集自己喜欢的内容，特别是和艺人相关的信息，并沉迷其中的行为被称作"追星"。10 多岁孩子的追星行为是健康的吗？

阅读本书的父母之中，有人在自己的青少年时期不曾有过喜欢的艺人吗？如果像游戏成瘾一般完全沉迷其中，忘掉时间，忘记参加其他活动，或者不跟朋友见面，只追着艺人跑，这或许是个问题。但如果不到这种程度，那就不是什么大问题了。更何况像防弹少年团这样的艺人团体，不仅会鼓励孩子阅读书籍，学习优秀文化，还会向孩子传达健康的信息，帮助孩子建立健康的世界观。这种类型的追星反而会对粉丝产生积极作用。

青少年期的特点之一就是喜欢挑战自己的极限，喜欢走极端。成年人会在特定时刻选择"刹车"。不论多么喜欢，或者多么厌恶都会控制住自己的底线。但对于 10 多岁的青少年来说，"刹车系统"是不存在的。从某种程度来看，这个时期的孩子比少儿期更难控制。所以，就需要一个可以帮他们"刹车"的成年人。

扮演这种角色的不一定非得是父母。只要是平时就和孩子关系较好的成年人就行。学校的老师、非常了解孩子的补习班、宗教团体或同好会上认识的大人也可以。如果孩子喜欢的艺人能为自己的粉丝提供一个健康的追星指南，并且为他们提供良好的沟通方式，避免孩子过度沉迷，那么这样的偶像也是个不错的选择。

○ 与 10 多岁的孩子保持良好关系的父母，应该是经常和孩子"吵架"的父母

有个非常典型的游戏成瘾的中学生，整晚都在玩游戏，还会为了玩游戏拒绝上学，于是父母便带他来到医院接受治疗。但通过与这个孩子一对一谈话，我了解到他对学校非常不满，经常和同学们发生冲突，还遭受着被孤立的痛苦。他还表示一想到父母对自己抱有极大期望，就根本无法对他们说出自己在学校的遭遇，只希望能够顺利退学，往后余生过得轻松一些。这个孩子的主要病症不在于游戏成瘾，而在于校园暴力导致的抑郁倾向。父母在不知情的情况下一味地给孩子施加压力，将注意力放在了游戏这一"迷惑选项"上，而忽略了孩子身上真正的问题所在。

很多父母都希望可以避免和 10 多岁的子女发生冲突，尽量不去刺激他们，但这样只会让他们连孩子错误的生活态度都无法指正。他们常常错将专家们建议的"尊重 10 多岁子女的意见"理解为"不与子女吵架"以及"全盘接纳子女提出的所有要求"。

青春期正是父母和子女"应该好好吵架"的时期。但不要为了"赢"，或为了"压制对方"而争吵。要为了找到"如何帮助孩

子"的答案而吵架。另外，吵架时父母和子女必须处于同等地位。"别胡闹"等带有压制意义的言语是无法达成和孩子"好好吵架"的目的的。

当你能够和孩子好好吵架，就会听到他说出一些平时根本不会吐露的苦恼和不满。只要他能够说出自己的问题，我们就可以抓住主要问题，找到解决问题的线索。我确实比较担心父母会去教训 10 多岁的孩子，或将他们犯的错误桩桩件件地指出来，因为这些行为都是不可取的。但如果父母面临着严峻的挑战，比如孩子的生活节奏完全被打乱了，或者孩子拒绝上学，那么就需要通过"好好吵架"来让他们深埋在内心深处的问题浮出水面了。只有孩子表露内心的问题，我们才能提出解决措施，比如转学，或者提供新的教育方式，新的学习环境等。如果孩子不愿说出问题，同时父母也选择忽视这个问题，那么这个问题始终无法得到解决。

好好和孩子吵架吧。但希望你可以铭记，和孩子吵架不是为了在言语上战胜他们，而是为了知道如何才能帮助他们。

⑤ 10 多岁孩子面对的情绪问题：情绪障碍，焦虑症等

○ 日益增多的青少年抑郁症、自杀等问题

据说全球人口中 25%~30% 的人会在他们生命的某个阶段面对情绪障碍方面的问题，比如抑郁症。这意味着情绪障碍问题远比我们想象的要普遍得多。然而，情绪障碍被认为是一种主要出现在成年期的疾病。这是因为大家普遍认为 10 多岁正是"看到落叶都会开心大笑的年纪③"。我们一般认为 10 多岁的孩子和"抑郁"一词完全不相干。

---

③译者注：古诗中常以落叶作为萧瑟深秋的意象，象征离别与伤感等悲伤情绪。而 10 多岁正是充满朝气和希望的年纪。

176

但是，当我们对20多岁时患上情绪障碍的人进行调查后发现，原来他们中大多数人的病症在青少年时期就已经初露端倪了。半数以上的病人在青少年中期或晚期岁时就出现过至少一种症状。

与其他心理健康问题相比，情绪障碍具有"偶发性"。"偶发性"是指，这类症状会使人的心理状态在某段时间内变得非常糟糕，但过了那段时间又会变得正常。哪怕在某段时间心理状态异常糟糕，但也会自然好转，并且除了这段时间外，病人会表现得非常健康乐观，所以人们一般很难注意到这类病症给出的"警报"。我们大多会将这种症状视为暂时性的情绪低落。如果只是这样，那么这种病症其实并不严重，因为它具备自我治愈的能力。但关键问题在于有些自愈的人会复发，而这次的周期会比之前更长，程度也会更加严重。当然，治疗难度也会大大增加。但是，当前的社会环境对心理健康治疗方面的看法相对保守，很多人即便感知到自己的心理健康出现问题，也很难做出判断，更不愿去医院接受治疗。

有些人会因为自己的抑郁症自愈了，就错误认为哪怕自己再次患上抑郁症也可以靠"意志"来克服它。但事实并非如此。当抑郁症状复发，会比第一次更难治愈，而且复发后还有可能出现双相情感障碍（躁郁症），产生自杀的念头或频繁出现自杀的想法。我们之所以要重视青少年期的情绪障碍问题，就是因为这种"自杀倾向"。

那么，在孩子步入青少年期之前会有可能患上抑郁症吗？过去，儿童抑郁症并未得到承认。然而，研究表明，孩子在少儿期也是有可能患上抑郁症的。只是当前病例相对较少。抑郁症人群中，未满 6 岁的儿童只有不到 1%。同时，这个时期的抑郁症状也与我们所熟知的"抑郁表现"大不相同。一般表现为多动，攻击性行为。这种抑郁症被称为"潜在抑郁症"，孩子一般会用其他情绪来表达悲伤与焦虑的情绪。

儿童抑郁症中"潜在抑郁症"的表现与青少年抑郁症相似。因为与常见的抑郁症在症状上有所不同，所以很容易被大家忽略。一个典型的例子就是抽烟喝酒的孩子。我们通常会认为这是一种品行问题，一般会通过制止他们的行为或责骂他们来达到教导的目的。但如果这些孩子患有抑郁症，而我们并没有帮助他们治疗疾病，反倒是通过强行矫正他们的"品行问题"来对待他们会怎么样呢？他们的大脑可能会承受更大的压力，导致疾病恶化，会促使他们的抑郁期反复出现。如果抑郁期出现了不只一次，就可能会让病情变得更加危险。

目前，处于青春期的少女患上抑郁症的情况正在极速增加。根据韩国疾病预防控制中心 2019 年发布的青少年健康行为调查显示，2019 年青春期抑郁症的发生率，初中生为 26.9%，高中生为 29.4%。这意味着每 4 名初中生或每 3 名高中生中就有 1 名患有抑郁症。

无论是遗传因素还是环境因素导致的抑郁症，都有可能出现在第一次发病后过一段时间病情就会慢慢好转的情况。这是自然自愈的结果。如果在第一次发病后得到较好治疗，那么不复发的概率也会比较高。

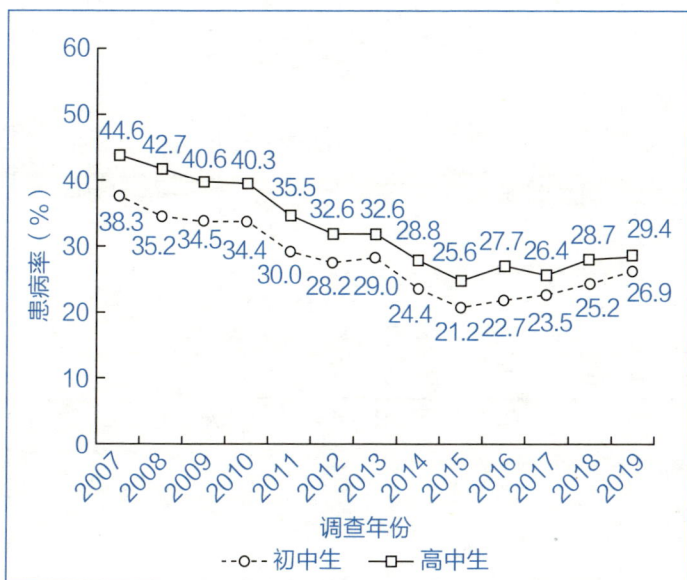

【图 3-2】韩国青少年抑郁症患病率的趋势（2007-2019）
出处：韩国第十五次（2019 年）青少年健康行为调查统计

抑郁症的关键问题就在于没有得到及时的治疗，导致第二次以及第三次发作。这时候就会伴随着其他的问题，更容易出现并发症。青春期特别容易出现诸如酗酒、吸毒、游戏成瘾和自杀倾向等并发症，意味着这类孩子的大脑情感回路存在很多问题。

美国从 21 世纪 10 年代初就开始对青少年的死亡原因进行比较分析，美国和韩国的青少年死亡原因比较结果见后文。

韩国青少年（9-24岁）的死亡原因

韩国青少年（9-24岁）死亡人数

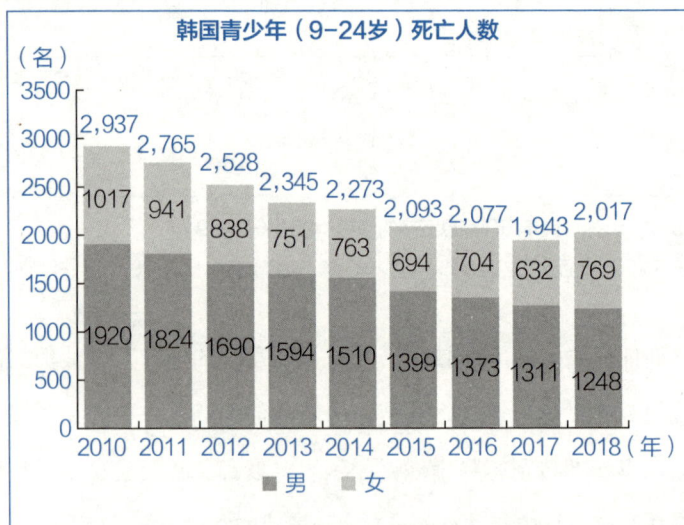

【图3-3】韩国青少年（9-24岁）的死亡原因及死亡人数（2010-2018）

数据来源：韩国统计局人口趋势调查及死亡原因统计（由统计局、性别平等和家庭部发布的《2020年青少年统计》）

◎ 美国死亡原因：事故第一，毒瘾第二，自杀第三

◎ 韩国死亡原因：自杀第一，事故第二，疾病第三

2018 年我也对青少年进行了面对面的采访和问卷调查，得到的结果与上述数据类似。在过去的五年中，成年人的自杀率有所下降，但青少年的自杀率却没有下降。这可以作为一个指标，时刻提醒我们应该对青少年的自杀风险保持警惕。

○ 要怎么判断 10 多岁的孩子得了抑郁症？

成年人的抑郁症与青少年的抑郁症有何不同呢？

如果成人在 2 周内出现以下五种或更多症状，那么就有可能患有抑郁症。

◎ 功能退化比以前更加明显

◎ 经常感到抑郁或开心不起来

◎ 总会以悲观的眼光看待自己或他人

◎ 即使不刻意减肥，体重也有所轻减（月变化超过 5%）

◎ 即使没有暴饮暴食，体重也会显著增加（不过，青少年抑郁症在体重方面一般不会有明显增加）

◎ 显著的食欲大增或食欲减退

◎ 失眠或嗜睡

◎ 过度焦虑或日常思考变得迟缓

◎ 感到精力不足或非常疲劳

◎ 觉得自己的存在毫无价值

◎ 不合理的内疚与过度自责

◎ 经常考虑自杀，虽然没有具体计划，但脑海中反复出现自杀的念头

◎ 计划或企图自杀

以下是青少年抑郁症的特征：

◎ 缺乏快乐

◎ 绝望

◎ 自卑

◎ 情绪起伏大

◎ 容易生气

◎ 成绩差

◎ 无法处理好与同龄人的关系

◎ 嗜睡，暴饮暴食

◎ 犯罪行为，毒瘾，性滥交

◎ 自杀倾向（青少年期的自杀行为成功率较高，需要格外注意）

◎ 夸大原因不明的身体疼痛

青少年抑郁症与成年人抑郁症有一些相似之处，但在某些方面却以完全不同的形式出现。当我们提到以抑郁症为代表的情绪障碍问题时，我们联想到的通常是悲观和无助，但青少年期的抑郁症主要表现为易怒、行为失常、情绪波动等。

青少年期的抑郁症状很容易被忽视，那是因为它与青少年期

大脑发育导致的青春期行为有许多相似之处。这就是为什么即使是和孩子生活在同一屋檐下的父母也有可能不知道孩子是什么时候患上抑郁症的。父母一般会认为孩子只是累了才会暂时出现这种症状。同学关系出现问题、成绩下降、与老师和家长发生冲突等，很多家长会认为这些都是青春期的常见问题，一般装作看不到，不去问也不触碰这些问题。但关键是情绪障碍发病越早越容易发展成慢性疾病。

有些孩子会因情绪障碍问题住院。当我们与孩子的父母进行面谈时发现，大多数父母都认为孩子的症状出现于入院前几个月。但是，当我们与孩子沟通并倾听孩子的故事时就会发现，这种症状可以追溯到几年前。孩子的抑郁症状在近一两年的时间里已经出现过数次，只是父母并不清楚，直到症状严重到需要住院治疗才发现问题。

如前文所述，青少年抑郁症与成年人抑郁症不同，两者容易发生混淆。成年人的抑郁症主要表现为情绪低落，而儿童和青少年的抑郁症则表现为易怒和叛逆行为。缺乏快乐是最容易识别出青少年抑郁症的症状。缺乏快乐是指由于抑郁症丧失了感到快乐的能力。如果发现孩子情绪低落，经常抱怨生活中的不如意，但仍然享受自己喜欢的活动或对新鲜事物充满好奇，那就有可能还没发展成抑郁症。然而，如果孩子对任何事物都缺乏热情，则应怀疑是否已经患上了抑郁症。

"在你感到难过和痛苦前，最喜欢做什么呢？现在还喜欢吗？"

这是我们遇到疑似情绪障碍的孩子时，经常提出的问题。如果孩子不再喜欢自己曾经非常喜欢的事物，比如对自己曾经沉迷的游戏或艺人失去兴趣，呈现出一种缺乏快乐、无欲无求的状态，就可以认为是抑郁症导致了大脑愉快中枢相关的回路出现了"故障"。

抑郁症是一种疾病，一种大脑的愉快中枢和奖赏回路出现"故障"的疾病。这里的"愉快"是英文的"pleasure"，指我们平时感受到的动力、欲望、快乐和幸福的感觉。也就是说，传递和接受这类情感的器官出现了问题。

抑郁症会导致愉快中枢出现问题，还会导致认知扭曲，当这两个因素相互作用，就会加重病症。认知扭曲是一种夸大或非理性的思维模式，无法准确感知现实状况。消极的想法越来越多，视野也变得越来越狭窄。总是认为其他人讨厌自己，对一切都感到不满，对各项事物的看法也越来越消极。尤其是当亲子关系恶化时，对父母的评价总是带有偏见。看不到父母对自己的支持和鼓励，只注意到他们对自己的干涉、控制和命令。常常和父母发生冲突，而后又产生强烈的自责感。觉得所有人都讨厌自己，慢慢变得自卑起来。甚至还会认为自己承受的痛苦是一种惩罚，然后又变得更加痛苦。产生抑郁症恶化后的连锁反应（chain reaction）。

愉快中枢病变导致情绪低落的同时，思考回路出现"故障"产生大量的消极想法，大脑传递消极情绪和错误思想的方式就会越来越"宽广"。这两个因素相互作用，加强了彼此的负面影响。

即使是患有抑郁症的成年人也很难袒露自己的病情或寻求帮助，更不用说青少年期的孩子了。即便愿意说出自己的病情，大多也更倾向于和朋友交谈，而不是家人。然而，由于朋友也尚未成熟，很难给出建设性的建议。此外，哪怕孩子意识到自己患上了抑郁症，会因为正处于亲子关系紧张的青春期，无法轻松和父母讨论这个问题，也就很难鼓起勇气独自寻求心理健康医学科专家们的帮助。

所以，当和孩子接触时，我常常向他们提出这样的建议——

"如果需要帮助，一定要去找成年人，老师也好，父母也罢，亲戚也可以。当然，还可以去找心理健康中心或在线咨询中心。这样就可以获得更快更有效的帮助了。"

以下是针对提早预防青少年抑郁症的一点建议：除了少数接受过抑郁症教育或生命教育（预防自杀的教育课程）的同龄人以外，孩子的普通朋友可能会认为抑郁症没什么大不了的，也可能会给出一些错误的应对举措或建议。不论是哪种都对抑郁症的治愈毫无帮助。

其实，最理想的情况就是父母成为孩子能够吐露心声的陪伴者。但如果父母是通过其他人了解到孩子的内心想法，那么后续的表态就格外重要了。敦促生病的孩子不要胡思乱想，只会让孩子将自己隐藏得更深。这会让孩子的内心更加痛苦，也会对孩子的大脑造成伤害。如果你的孩子向其他人倾诉了自己的状况，而这个人又恰好将信息传达给你，那么这是件非常幸运的事情，因为我们可以做到早发现早治疗。请记住，青少年抑郁症远比我们想象得要普遍。生病应该接受治疗，而不应该被责骂。

○ 青少年抑郁症带来的问题

我曾经遇到过一个高中生，老师和心理咨询师的笔记上记录着这个孩子是因为品行问题需要接受辅导和治疗。品行问题意味着孩子身上存在道德缺陷。对于存在道德缺陷的孩子，我们通常会提供一系列的治疗过程，从行为矫正到认知治疗，还有让孩子意识到触犯法律的行为是需要承担法律责任的。最简单的方式就是通过家长、学校和司法系统对孩子进行行为限制和时间管理限制。近期，我们还开发了其他训练项目并获得显著效果，这些项目包括控制愤怒情绪、加强同理心以及和平沟通方法等。

然而，通过面谈，我发现这个孩子的犯罪行为和药物滥用等品行问题源于并发症，也就是说品行问题并不是最主要的问题。他的情绪问题非常严重，还非常自卑。中学时期与父母发生冲突，开始出现严重的抑郁症状。之后他曾试着通过吸烟、酗酒和离家出走等方式来缓解自己的抑郁情绪。仅靠矫正品行问题，而不去治疗内在的抑郁症状的话，他的病症就不会得到根治。尽管当前表现出的品行问题可以通过其他方式得到暂时矫正，但最后还是会诱发抑郁症的其他并发症。

青少年期的抑郁症并不会导致患者持续逃避和厌世。青少年期的大脑发育和同龄人文化的特点让孩子能够接触到各种可以克服抑郁的冲动行为，导致各种问题的发生。换句话说，青少年期的孩子会为了摆脱抑郁情绪，积极寻找各种能够刺激到自己的事物。他们希望通过毒品、烟草和酒精，或与异性的性关系获得情感补偿。

当女孩患上抑郁症时，极易出现性偏差，此时要对社交媒体中带有风险的性接触加强警惕。过去，哪怕产生不当想法也不容易犯下罪行。因为需要与犯罪团伙建立联系，还要积极主动采取实际行动。但随着社交媒体和聊天工具的出现，结识陌生人变得格外简单，被坏人利用也变得稀松平常。与过去相比，现在存在更多风险因素。这就是为什么我们要加强教育和警惕了。

自杀和自残是抑郁症最严重的并发症。因为青少年期的孩子非常冲动，出现自杀想法的频率极高，他们的自杀行为也往往是没有经过深思熟虑就冲动执行的。青少年抑郁症的患病率没有成年人高，因此青少年抑郁症的自杀人数相对来说并不明显。但如果仔细调查就会发现，青少年抑郁症的自杀率远高于成年人抑郁症的自杀率。

在发展成慢性疾病或出现品行问题之前，抑郁症具有较高的可治愈性。然而，最让人遗憾的是，由于种种原因，还是有很多人没能在早期发现，错过了最佳的治疗时间。

○ 经常被混淆的悲伤反应与抑郁症

一位患有产后抑郁症的母亲没有得到及时的治疗，在抚养孩子的过程中，她的抑郁症变得越来越严重，直到发展成慢性病才得知自己患病。更加不幸的是，这位母亲已经选择结束自己的生命，离开人世。

我曾见过这位母亲的儿子，他具有较强的暴力倾向（攻击性），他的父亲不得不带他来做心理咨询。关于孩子母亲的事情，我是通过和他父亲面谈了解到的。孩子并不想谈论与母亲相关的任何事。看着那个拒绝吐露和母亲的过往，拒绝表达自己感受的孩子，我意识到他的问题可能与情绪障碍有关。情绪障碍问题可能会引发暴力问题。

然而，孩子的父亲也在努力控制自己对妻子离世的悲伤。独自一人将孩子抚养长大的责任过于重大，他几乎没有时间可以浪费在伤心难过上。因为我知道强行抑制悲伤情绪是非常危险的行为，所以我告诉孩子和他的父亲，要努力接受母亲／妻子的离开，不要刻意装作若无其事，可以表达自己的悲伤和难过。如果不能适当的释放情绪，反而会让内心的负担积压起来。

当我们失去亲人或遭受重大损失时，我们会感到伤心难过。这种悲痛可能会持续相当长的一段时间。我们一般称其为悲伤反应（或哀伤反应，grief reaction，2019 年公布的精神病学名词）。这些反应都是非常正常的心理反应。表达悲痛情绪总比默默忍受要来得更健康。经过长期的悲伤反应，悲痛情绪会随着时间流逝，我们也能慢慢脱离这种痛苦。

压抑情绪反倒会让人一直无法脱离，最后可能加重失去带来的痛苦。挥之不去的痛苦和悲伤会随着时间慢慢演变成行为问题和成瘾问题。只有通过充分感受、表达和消化，才能慢慢走出哀伤和悲痛。如果不去表达和发泄，即使过了很长时间也还是有可能会突然爆发。

失去所爱之人本就是件非常让人难过的事情，我们不需要强忍悲痛，表达和发泄没什么可羞愧的，也不要觉得默默忍受是成熟的表现。抵抗悲伤反应就如同吃了变质的食物导致肠胃不适，却强忍不适，不去将排泄物排出。哪怕肠胃翻腾，在疼痛，在给出信号，也只是把它存在肠胃中，不让它离开，让自己痛苦不堪。

有时候大家会分不清悲伤反应和抑郁症之间的区别。因为悲伤反应也伴随着失眠、食欲不振以及体重骤降等现象。但悲伤反应通常不会超过两个月，如果这种症状持续了三个月以上，以至于影响到正常的生活和功能，就需要寻求帮助了。尤其是当出现了诸如否认自己存在的价值、缺乏快乐、产生自杀的念头或幻听症状，就有可能不再是悲伤反应，而是抑郁症了，应尽快寻求专业医师的帮助。

当我们追溯抑郁症发病根源时，最难判断的就是这种涉及特殊触发因素的情况了。因为经历了让人悲痛的事情，所以通常会被认定为悲伤反应。这就很容易错失发现抑郁症早期症状的机会。所以，当这种症状超出一定时间并出现继发性危险因素，则应将其视为抑郁症，哪怕最终发现这只是悲伤反应，也好过错失抑郁症的早期治疗机会。

○ 抑郁症会遗传吗？

正确答案既可以是 Yes，也可以是 No。有些人的大脑愉快中枢（用于调节情绪）可能在出生时就相对较弱，而这种先天不足会遗传给下一代，但像是多动症或精神分裂症等疾病遗传的概率则相对较小。在某些情况下，抑郁症与家族病史有关，但更多情况则与家族病史无关。因此，尽管遗传基因会影响抑郁症的患病概率，但也仅仅是一种易感可能性。易感可能性意味着虽然大脑易患疾病（遗传倾向），但只要注意不长期暴露在过度刺激的环境中（风险因素），就不太可能患上这种疾病。而环境因素还包括家庭的过往经历和亲子间的依恋关系等。

那么，抑郁症的风险因素有哪些呢？如果能够减少这些风险因素，哪怕具备遗传倾向也是能够克服它的。抑郁症的风险因素包括"认知表征"和"人际交往能力"。

认知表征是我们看待和解释自己周边世界的框架。自卑和内疚感越高，对他人越消极，越容易患上抑郁症。这是因为这类人总是在不健全的框架中审视自己和周围的环境，就像当你戴上黑色的墨镜时，看到的世界就会是灰色的。他们总是用消极的框架看待自己和世界。

我们在成长过程中总会经历许多不同的事情。会经历一些好的事情，也会经历不好的事情。我们所处的环境和经历的事情，几乎没有可以选择的余地，但我们可以选择如何解释曾经经历的种种。

例如，当一个家境贫寒的人具有健康的认知表征时，他会为了克服困难加倍努力，并将这段经历当作成长的机会。他们通常会希望自己能够自立自强，尽快帮助父母分担家庭责任。然而，如果是一个认知表征不健康的孩子，他可能会觉得自己样样都不如人，会常常感到沮丧，甚至做出一些叛逆行为。不会为了克服困难快速成长，而是一直沉浸在当前的问题中。所以，即使是在相同的情况下，也会有不同的结果。有些人会用积极的框架解释自己的经历，也有一些人会用消极的框架看待自己。

这种选择的积累为认知表征奠定了基础。换句话说，创建了一个坚实的大脑回路。因此，与其纠结于经历的好坏，不如训练孩子如何用积极的框架来解释给定的情况。

关于育儿，我们经常听到要鼓励赞美孩子努力的过程，而不是结果。以结果为中心的对话，会让孩子只关注评价的好坏，但以过程为中心，却可以让孩子理解事件的整体脉络，更加积极思考。在孩子还小的时候就开始培养亲子沟通、亲自对话或许能够为认知表征奠定良好的基础。

抑郁症的第二个风险因素是人际交往能力，它与活跃性相关。活跃性低，人际关系就会"萎缩"，而人际关系越不稳定，患抑郁症的风险就会越高。对于青少年来说，同龄人关系非常重要。这段时间出现人际关系方面的问题，可能会增加患上抑郁症的风险。

另外，我们在谈到人际交往能力时，往往会误以为内向是一种缺陷。但即便是一个非常内向的人，只要有明确的自我认同和较强的自信心，也是可以处理好人际关系的。鼓励内向的孩子积极参加各项活动是件好事，但他们不应该被否定。内向，只是性格的一种而已。内向的人在人际关系上花费的精力要比外向的人少一些，但他们只是把这部分精力用来做其他事情了。

有很多朋友并不意味着你是一个外向的人，或者一个具有良好人际交往能力的人。应该以质量为评价标准，而不是数量。评判的标准应该是能否与他人维持良好关系，哪怕只有一个朋友。即使有很多朋友，如果不能敞开心扉和任何人进行深入交谈，也不能说自己具有良好的人际关系。

如果认知表征和人际交往能力是影响抑郁症发病的中间因素，那么压力就是抑郁症发病的触发因素了。也许它是距离抑郁症发病最近的因素，但实际上它只是导火线而不是原因。它不是弹夹中的子弹，顶多算是扳机。人生在世怎么可能完全避开压力呢？这是件不可能的事情。决定抑郁症是否会发病的关键，不在于我们是否处在压力之下，而在于高压之下的我们应该如何保护自己，如何维系关系。

治疗抑郁症也是从这两个维度开展的，即设计各种活动来纠正认知扭曲和培养人际交往能力。当然，除此之外，我们还会让患者服用抗抑郁药来治疗生理层面的病症，同时采取家庭疗法解决情绪障碍方面的问题。

○ 10 多岁的孩子得了抑郁症，需要吃药吗？

芬兰是幸福指数最高的国家之一。而北欧育儿方式一直都是家长心中的热门话题。但就在 30 年前，芬兰还是世界上自杀率最高的国家，而且这一记录持续了 20 年之久，在如此漫长的时间里国民幸福感总是排在最末。但令人惊讶的是，在过去 30 年里，这个国家居然从最悲观的国家变成了最幸福的国家，被健康医学统计认为是数据最惊人的国家之一。

其中究竟隐藏着什么秘密呢？当我们谈论芬兰自杀率变化时，总有一点因素不容忽视，那就是研发副作用较少的新型抗抑郁药物，以及拓宽药物的适用范围和用量。从前，服用抗抑郁药物一直被认为是一件非常痛苦的事情，因为服用药物后会出现各种副作用，如口干舌燥、浑身酸痛、昏昏欲睡等。但随着神经递质 5- 羟色胺系列药物的出现，抗抑郁药物的副作用大大减少，治疗效果也非常显著。伴随着这种药物的广泛使用，芬兰的自杀率也开始逐年下降。芬兰成为抗抑郁药物使用率最高的国家。另外，新型抗抑郁药物的研发在精神病学领域也起到了至关重要的作用。

当然，单凭抗抑郁药是无法解释芬兰的巨大变化的。芬兰在全国范围内对所有自杀者进行了心理剖析，详细分析了来自社会、经济、家庭、社区的影响，并创造性地增加了经济和文化方面的努力，调整全社会的低迷情绪。不仅通过抗抑郁药物进行积极治疗，还在社会层面努力做出改变，以提高国民生活稳定性和满意度。

"吃药能根治抑郁症吗？"

当你咳嗽得厉害时，就会无法专心工作，不能见人，也不能上班，所以需要服用止咳药。感冒是病毒引起的上呼吸道感染，因此没有根治的方法。但是，我们通常会为了提升生活品质（减少咳嗽带来的影响），以感冒药的名义服用止咳药，而止咳药通常是通过消除引起咳嗽的因素来帮助止咳的。有时候哪怕无法根治，也需要吃药。如果因为重度抑郁无法正常生活，难道不应该通过抗抑郁药物来治疗，以防止大脑中负面情绪回路的持续恶化吗？通过纠正大脑回路的缺陷来减少悲观情绪是治疗患病大脑最可靠、最安全的方法。

像这样的药物可以被视为一种治疗概念，也可以被看作是一种帮助纠正错误的方式。精神健康病学科使用的药物主要影响神经递质，帮助带有负面情绪或想法的人找到平衡。当我们的大脑习惯性地重复同一想法或某一种情绪时，那个想法的路径，即大脑回路就会变得更宽更深。就像在草木茂盛的树林，走过一次并不会出现道路，但走的人多了，慢慢也就能形成一条宽阔的路了。像这样重复片面的想法和情绪，加速这种负面的想法和情绪的流动，大脑功能就会出现问题。而精神健康医学科会为了阻断这种流动，使用药物进行精神治疗和认知治疗以纠正错误的想法。如果维持人正常生活的各项功能受损，那么服用药物和咨询专家都有助于减轻失眠、焦虑、恐慌等痛苦，加速康复过程。

大家似乎对精神健康病学科使用的药物带有偏见，其中最大的误解就是，一旦开始服药就必须终生服药。可能就是因为这个原因，许多父母都会在孩子的症状稍有改善时就提出停止用药的要求。然而，即使目前看起来有所好转，也需要服用一段时间才能渐渐恢复正常功能，这都是有科学依据的，而医生也都是基于这个依据建议持续服用药物的。当然，超出医生建议范围的药物滥用也是非常危险的。我们应该遵照医生建议的用量和时间服用药物。

父母担心服用抗抑郁药物会对孩子的大脑造成损伤。过去，服用这类药物会产生严重的副作用，例如嗜睡或失眠。但医学在不断进步。如今的抗抑郁药物主要用于矫正疾病引起的大脑功能紊乱，并不会损害孩子的大脑。

然而，讽刺的是近来拒绝服用对症药物或误会药物疗效导致误用药物的事情频繁发生。曾有一些学校和家长将治疗 ADHD 的药物当作聪明药给孩子服用。服用 ADHD 药物后会出现暂时性的"觉醒效果"，而这些家长就是看到服用这类药物的孩子精力充沛、不见疲惫，才认为这是一种改善大脑的"神药"，也让自己的孩子服用。处方药与功能性食品或非处方药不同，会对身体产生较大影响，应咨询专家并谨慎使用。如果在使用抗精神病药物（如 ADHD 药物）前就充分考虑这类药物对孩子大脑的影响，就不会简单将其作为营养补充剂让孩子服用了。

用药应谨慎，但也应该对医生予以充分的支持和信任。医生在开方前会仔细观察患者的病情和反应，沟通充分后再开药，患者和监护人也应该信任医生并积极参与治疗过程，和医生进行充分沟通和讨论。

○ 10 多岁孩子的焦虑症

什么是焦虑症？焦虑症大多是指恐惧症，对某些特定事物的恐惧心理。比如身处在黑暗之中，或看着注射器、血液等特定对象，就会感到超出心理承受范围的恐惧，出现出汗或心跳加快等生理反应。这些恐惧症大多出现于少儿期。到了青少年期，发病率就会下降至六分之一。这是因为在青少年期，随着智力水平的提升，克服焦虑和恐惧的能力也有所提高。"不是什么大不了的事情，还在我的控制范围内"等认知可以抵消恐惧。

但在某些情况下，即便认识到"这件事情没什么大不了的"，也还是会感到焦虑。如果恐惧症是指对特定对象的不安感，那么焦虑症则不存在明确对象。这是区分恐惧症和焦虑症最关键的信息。而憋在心里的焦虑情绪会发展成其他类型的焦虑。比如，社交焦虑主要体现在过于在意他人的眼光，而这种焦虑可能会发展成失败焦虑或死亡焦虑。

有些孩子天生就容易焦虑。这类孩子患上焦虑症的概率也会比较高。有些孩子非常排斥做一些新的尝试，这种排斥和拒绝不仅表现在行为和情绪上，也体现在生理特征方面。例如，看到一个稍微有些恐怖的玩偶或视频片段时，焦虑的孩子往往比普通孩子在心率、汗液分泌及脑电波变化等方面的数据高出数倍。这意味着这类孩子在生理方面比较脆弱。

如果被重复多次的相同整蛊动作所吓到，那么这个孩子的焦虑指数可能相对较高。当相同的刺激重复 2 到 3 次时，大多数孩子都不会被惊吓到，但患有焦虑症的孩子因为无法适应或控制焦虑，每次都会感受到相同程度或更深程度的恐惧。

这类孩子可能天生焦虑指数较高，但也有可能是由"无意识的模仿"导致的。如果孩子的父母经常被惊吓或感到焦虑，同时还伴有腹痛或头痛等症状，那么他们的孩子很有可能会学习模仿这种举动。孩子不仅会模仿父母被惊吓或感到焦虑的表面反应，还会同样出现腹痛或头痛等生理反应。

在很多情况下，父母只看到孩子身上出现腹痛或头痛等症状，然后带着孩子去对应的科室候诊。而在内科没有检查出任何异常时，通常就会被诊断为"压力过大引起的疼痛"。这是由于孩子控制焦虑的能力出现问题导致的生理现象，应该被视为一种心理问题，但却常常被误认为是身体方面的问题。因此，儿童、青少年科室的医生需要非常仔细地观察这方面的症状。对于非内科病症的身体疼痛，应考虑心理方面的因素，并予以适当的帮助。

儿童和青少年焦虑问题的最大障碍就在于它会阻碍孩子的健康成长。它可能会剥夺孩子参与丰富多彩的活动，积累同龄人社交的经验以及学习各种技能的机会。尤其是，青少年期正是参加团体运动、探索新想法的时期，但所有的可能性都会被恐惧所阻断。孩子受困于自我焦虑，只能在不会感受到恐惧的范围内活动。

这种恐惧还包括对未知的恐惧，即对死亡和危险的恐惧。

大多数焦虑症最后会发展为社交焦虑。即，他人如何看待自己。最后，这种焦虑还会发展成恐慌症等疾病。社交焦虑是一个非常持久的问题，会导致社交关系萎缩，人际关系退化，还会放大失败带来的后果。"做不到怎么办？""因为失败而挨骂的话该怎么办啊？"这种焦虑一般出现于考试周。哪怕平时一直名列前茅，但关键时期总发挥不出自己应有的水平，就会引发焦虑或腹痛等其他问题。因此，在青少年期，孩子的焦虑问题主要表现为社交焦虑、考试焦虑和生理方面的问题。

随着年龄的增长，大多数人都能学会控制焦虑。对于一般的焦虑，孩子大多都能通过自己的方式来解决。但有一些焦虑症会持续到成年后，其中就有一种被称作广泛性焦虑障碍。这是一种无法控制自己不为层出不穷的烦恼而焦虑的病症。患上这种焦虑症，会担心每天遇到的所有事情，哪怕是日常生活中的琐碎小事，都会让他们异常焦虑。比如，害怕结识新朋友；由于父母的身体健康出现问题，担心他们会离开人世；总觉得外出的弟弟妹妹会出现各种意外事故等。

如果青少年期患有这种广泛性焦虑障碍，就会导致无法顺利完成该时期应该完成的学业任务。同时，还会伴随出现一些继发性的身体问题。日渐焦虑的心情会使孩子难以集中注意力，难以入眠以及难以控制自己的情绪。

因此，焦虑症是一种非常典型的问题，出现于少儿期，经过青少年期，持续到成年期。另外，焦虑症还可能诱发恐慌症。恐慌症是一种极度焦虑的状态，通过呼吸困难、心跳过快等生理现象，让人感受到死亡一般的恐惧感。有些人甚至会因为上述症状过于严重而被送去急救室，这属于焦虑症的一种极端形式。

最近因为许多患有恐慌症的艺人纷纷发言，导致民众认为这是一种非常普遍的病症。还出现一种论调表示恐慌症是焦虑症的典型病症。尽管这是一种帮助大家减少对精神疾病的刻板印象和尽快理解精神疾病的交流方式，但实际上很多人患上的可能是抑郁症和焦虑症，或双相情感障碍和焦虑症，却被媒体断章取义的解释为恐慌症（焦虑症的一部分）。我并不希望大家将恐慌症误认为是焦虑症的典型病症。

其他类型的焦虑症还包括分离焦虑症和强迫症。青少年期出现的分离焦虑症往往伴随着"失去"的经历出现，例如亲人去世，移民或留学等。因为担心同样的事情会在未来重演，所以患有分离焦虑症的孩子会比较害怕与亲近的人分开。对于焦虑指数较高的孩子，当出现需要"分离"的情况时，最好帮助孩子做好充分的心理准备后再去执行。

而强迫症的易发人群主要为成年人，这类病症在少儿期或青少年期较为少见。强迫症的主要特征表现为背离自己意愿的想法或冲动反复侵入患者的大脑。有许多人即使在少儿期患上了强迫症，也因为没有意识到这种症状是不合理的，所以只是重复某些特定的行为或动作。例如，如果你只是因为手比较脏而不停地洗手，可能就意识不到这种重复行为或许是不合理的。不过，青少年通常能够意识到这种反复出现的刻板行为是不合理的。然而，他们明知道这些观念或动作毫无意义，还是无法摆脱，更无法控制。而且，关键问题在于当孩子意识到问题的存在并开始刻意减少强迫行为，就会导致强迫焦虑的出现。他们会担心自己突然出现毫无意义、甚至违背意愿的强迫观念或强迫行为。

如上文所述，焦虑症通常是受性格或家庭关系以及重要亲友关系的影响引起的。在少儿期一般表现为恐慌症，但到了青少年期，恐慌症的症状相对减轻，继而转变为社交焦虑症或广泛性焦虑障碍。这种焦虑症不仅会限制孩子发展所需的正常体验和思想自由，还会引发社交关系方面的问题。

一般情况下，孩子能够自己克服焦虑问题。当觉察到自己遇到哪些情况会尤为不安，就可以针对这个问题找到相应的解决方案。即便是呼吸急促等生理性症状也可以通过学习和练习深呼吸、腹式呼吸等方式来控制自己的反应。如果这些努力都无法缓解焦虑情绪，那么还是建议大家积极寻求专家的帮助和治疗。

综上所述，治疗青少年焦虑症最有效的方法就是教孩子通过深呼吸、腹式呼吸等方式来减少生理方面的不适症状。在认知层面鼓励孩子克服焦虑而不是选择回避，可以帮助孩子认识到他所焦虑的事情没什么大不了的。大多数的孩子都可以通过这种治疗方法得到治愈。如果你的孩子患有恐慌症，除了教他学会预防过呼吸（又称"换气过度综合征"）的方法以外，建立"过呼吸不会致人死亡"的认知教育也很有帮助。除此之外，还可以尝试药物治疗，也能在一定程度上缓解病症。

青少年期是克服焦虑问题的最佳时期。一定不要对挣扎于学习压力中的孩子提出过高要求与期望。孩子的焦虑大多来自紧张的亲子关系和对未来的担忧。我们应该劝导孩子将注意力集中在眼前的事物，而不是担心未来的发展，要认真完成学校布置的任务，通过这些树立自信心，建立安全感。

06 进入"持续管理"这个长期战的 青少年神经发育障碍

○ 婴幼儿与青少年在神经发育问题上的差异

神经发育障碍是由于语言、感觉、运动、依恋反应相关的主要神经回路发育迟缓，致使语言、感觉、运动、社交能力出现问题的一种疾病。典型的疾病包括 ADHD、智力障碍和自闭症。

神经发育障碍属于大脑回路和功能缺陷方面的问题，治疗周期长且需要持续性管理。由于它是一种发病于少儿期，且持续至青少年期的疾病，在教育和培养方面需要提供长期支持，同时还需要与医疗相结合。这是一种需要父母坚持"持续管理"，帮助孩子实现最佳的成长与发育的疾病，而不是单纯期待"完全治愈"

就可以躺平的疾病。

有许多具有神经发育障碍的孩子也会到正规的日托中心、幼儿园和小学，与健康的孩子一起学习活动。这被称为"综合教育"，大多数患有神经发育障碍的孩子都在接受"综合教育"。即使您的孩子目前还未面临发育问题，也希望您可以对这些信息稍加了解，并正确看待这些问题。虽然本书的内容主要针对 10 多岁孩子的父母，但我还是想简单谈一谈神经发育相关的问题。

当我们经历婴幼儿期、少儿期和青少年期时，每个阶段都有其对应的发育挑战和任务。这些任务通常要求我们在认知、情绪、调节能力等方面超过规定的标准。正如每个年龄段都有其对应的最佳身高和体重一样，虽然每个孩子之间存在个体差异，但在智力水平、理解能力、语言表达能力和自我调节能力方面都有具体衡量标准。如果明显低于正常标准，那么定期评估就变得格外重要了，因为我们需要通过每次的评估结果，为孩子定制个性的培养方案。

神经发育问题在孕早期就开始出现了。我们将怀孕的前 3 个月称为孕早期，第 4~6 个月称为孕中期，第 7 个月到分娩前称为孕晚期，从孕中期开始，胎儿的脑细胞就会迅速增长。此时，如果由于基因缺陷导致发育迟缓，就会出现语言障碍、智力障碍、自闭症等神经发育障碍。

检测孩子的语言发育是否存在问题时，可供参考的标准之一就是孩子能否在出生后的第 12 个月左右准确理解并使用"妈妈"这个词。虽然这个问题大多在第 12 个月左右才初露端倪，但其实在孕期就早已存在。这个问题主要是由于大脑神经系统发育不良所致，该系统涉及语言发育、感知能力的发育和依恋关系的发育。

如果在孩子的婴幼儿时期或少儿期就发现神经发育方面的问题，它大概率会延续到青少年期以及成年期。那么，婴幼儿期以及少儿期的神经发育问题与青春期的神经发育问题存在哪些不同之处呢？婴幼儿期和少儿期出现的发育问题多为语言发育问题、智力发育问题或自闭症谱系问题。这些问题的呈现方式都比较直接、具体。但青少年的发育问题多为遗留问题和其他问题的混合体。

正如我们之前所讨论的，当孩子进入青少年期，他们的大脑发育会发生显著变化，而具有神经发育障碍的孩子也是如此。随着青春期的生理特征逐渐显露，孩子的独立性和自主性会也会进一步增强。控制功能暂时受损，对同龄人关系的敏感度远高于亲子关系，各类问题行为也随着原本遗留的神经发育问题变得越来越多，所以治愈难度也会随之攀升。从积极的角度来看，这意味着孩子会变得更聪明，有更多奇思妙想。但从消极的角度来看，问题会变得更加复杂，对孩子、对家长都将是一个非常艰难的时期。

肾脏疾病在少儿期的发病率远比我们想象的要高得多。如果少儿期就患上了严重的肾脏疾病，那么通常都会持续到成年期。

虽然有些孩子能在青少年期得到完全治愈，但也有不少孩子会持续到成年期。婴幼儿期，孩子会在父母的指引下得到较好的治疗。然而，随着孩子渐渐长大，开始产生自我意识，开始认为自己有权支配自己的身体，情况就会发生变化。尤其是那些患有慢性疾病的孩子，他们的父母以及他们自己都因为长期应对这种疾病早已筋疲力尽。所以，有些孩子会产生悲观情绪，而这种情绪会进一步发展成自我厌恶。最终，因为认知方面的问题（即，如何看待自己患上的疾病）而彻底崩溃。他们会选择自暴自弃，拒绝接受治疗，从而使病情肉眼可见的恶化。他们的父母也会被折腾得没有充足的精力去解读他们的心思。彼此之间产生各种矛盾和冲突。长此以往，病情会变得更加严重，直至不得不进行脏器移植。

这与神经发育问题相似。孩子小时候出现 ADHD、自闭症、语言发育、社交发育、认知发育方面的问题时，父母通常会选择积极寻求治疗。然而，发育问题并不是通过一个简单的治疗过程就可以治愈的，不是缝合伤口就能慢慢愈合的简单外伤。孩子的大脑在不断地发育变化着，所以治疗神经发育问题往往会是一个长期战斗的过程。当孩子 10 多岁时，对长期治疗过程有些倦怠的父母和孩子之间的矛盾会越来越大，冲突也会越来越多，他们会步入更加难熬的时期。

○ 当我们需要寻找新的道路，新的可能性时

与所有慢性疾病的治疗相同，青少年正处于一个关键时期

（critical period）。正值步入成年之际，决定如何度过一生的重要时期。这不仅适用于发育问题，也适用于其他长期存在的心理健康问题。在青少年期，如何看待自己的疾病将成为决定孩子余生和人生态度的重要关口。

我时常为那些为了孩子的发育问题而长期向我咨询的父母感到难过。抚养孩子本身就是一件非常辛苦的事情，更何况是照顾那些具有发育障碍的孩子。尽管如此，父母们还是要"抓紧"那些身心发育尚未成熟的孩子，能够帮助他们的就只有父母了。因此，父母的精神健康也需要得到重视。这也就是为什么我们要在这个时期额外关注那些带着孩子来咨询发育问题的父母的心理健康了。

治疗长期存在的发育问题时遭遇的困难和青春期的特点交织在一起，使得孩子和父母间的隔阂越来越深。儿童和青少年的治疗中最糟糕就是亲子关系破裂的情况。大多数儿童和青少年都是由父母带到医院来的，并不是自愿接受治疗的。所以，孩子对治疗的态度并不积极，也很难准确说明自己身上出现的情况。这个时候，就需要和孩子朝夕相处的家长出面来与医生就孩子的治疗过程和发育过程进行友好沟通了。因此，直到青少年期，这种治疗过程需要父母陪伴的情况也十分常见。

当然，因为患病的是孩子，医生和孩子之间的沟通也非常重要。但如果孩子和父母的关系比较紧张，那么孩子就会非常自然地将大人们的各种言语行为扩大化，这源于他们对成年人的不信任。因此，亲子关系成为管理（治疗）儿童和青少年心理健康问题的重要因素。维系积极的亲子关系，以及为孩子提供充分的情绪价值不容忽视。

不同类型的神经发育问题使每个孩子都走上了独特的轨迹。大脑在学龄期（或青少年期）本身就会发生巨大变化，所以即使诊断出智力障碍或语言障碍，实际的大脑功能也还是有机会发生变化的。另外，孩子成年后的生活其实更多取决于父母在此期间为他们提供的经验和做出的选择。

你看过电影《马拉松》吗？这部电影改编自真实事例。电影的主人公患有自闭症，无法进行眼神交流，也无法与他人交谈。同时，由于认知发育方面的障碍，他的智力水平与小学低年级的孩子相当。然而，正是跑步，或者应该说是马拉松，让他克服重重障碍，发现了希望的曙光。他不仅通过马拉松展现了自己的能力，也给父母带来了希望。当然，也为那些患有发育障碍的孩子的父母带来了希望。

即便是有发育问题的孩子也有他们自己的独特属性。青少年期是孩子获得成就感和做出选择的重要时期，也是他们与社会交流的重要窗口。其实我们身边就有很多典型的例子。作为亚锦赛游泳选手出战比赛，学习演奏大提琴等乐器，组建交响乐团进行合奏表演，或者成为一名插画师，设计并出售各种小众商品。孩子有许多机会展示他们的独特属性，获得社会的认可。

虽然孩子的情况并没有显著改善，但为他们多提供一个新的机会，就会多一分新的可能性。实际上，这种机会不完全来自家庭，更多的需要国家的干预和支持。发育障碍者从青少年期开始就像"残障人士"一样生活着，直到成年期、老年期。他们的认知水平和社交能力终生都赶不上一个平凡的普通人。因此，政府需要不断完善保障体系来维持他们作为社会成员的正常活动。

当孩子身上出现智力发育障碍、语言发育障碍或自闭症等发育问题时，父母通常会觉得人生没有希望了。他们一般会把"让孩子恢复正常"当成唯一的希望。当然，孩子越小，语言和社交能力方面的治疗就越重要，治疗效果也越显著。但在孩子长到小学三四年级之后，我还是想劝大家不要对"变正常"这一梦想抱太大希望。比起祈祷神经发育方面的障碍取得显著改善，帮助孩子找到在当前条件下进行良好的社交活动的最佳方案，显得更现实可靠。

语文、英语和数学成绩方面的竞争并不是走向成功人生的唯一途径。但对于患有高功能自闭症的孩子，他们的父母始终无法放弃这条路。患有高功能自闭症的孩子似乎没有任何社会性问题，因为他们通常能跟上学校的学习进度，身边有一两个好朋友，也不会表现出明显的攻击性。所以，对于这类孩子，父母还是会坚持对孩子学业的重视程度。他们期待自己的孩子能坚持这一过程。在学习成绩的较量中一定要和别的孩子一较高下。

然而，如果父母一定要强求孩子坚持学习这条路，那么当孩子在青少年期变得独立又固执的时候，亲子间的冲突往往就会加深。坚持走父母规划的路线，一直保持优秀的学习成绩对于普通孩子来说是件非常痛苦的事情，更不要说那些具有发育问题的孩子了。

即使孩子的学习成绩还不错，也要在他们步入青少年期的时候，大胆提供他们可能喜欢的任何东西，拓宽他们的选择范围。这是在为孩子们今后步入社会做的准备，为他们获得广泛认可奠定的基础。例如，对于数学天赋极高的高功能自闭症儿童，可以将数据科学教育或 C 语言（系统编程语言）等数学相关领域的培训与孩子的兴趣喜好相结合。说不定让这些孩子学习游戏语言和编程后，能够产生融合孩子的奇思妙想和独特体系的新事物。虽然存在一定的游戏成瘾风险，但也是让孩子接触 IT 行业，创造更多机会的一种方式。

与其和普通孩子一起竞争，不断经受挫折，倒不如在青少年期就开始不断尝试新鲜事物，发现新的道路。作为父母，通常会比较排斥孩子选择一条我们从未走过的路。但只要你仔细搜索，就会发现这条路远比我们想象的更宽阔。社会上有许多专业的软件开发培训机构，也有一些专为发育障碍者提供的社交能力培训中心，以及由企业运营的培训项目。

当前，国家提供的信息服务主要针对患有严重发育障碍的人。先帮助最需要帮助的人。但也应该将帮扶范围逐步扩大至高功能发育障碍者。希望今后他们也能获得展示自己的平台。

○ 患有 ADHD 的孩子：相比学业，更适合社交

相比上述的智力发育障碍、语言发育障碍和自闭症等疾病，ADHD 的症状相对温和一些。但父母需要采取的行动都是互通的，即了解孩子的个性，制定针对性方案，达到和孩子友好相处的目的。患有 ADHD 的儿童当中也有一小部分能够在与健康儿童竞争时展现出色表现。但就像这个疾病的字面意思，患有 ADHD 的孩子很难长时间安静地坐着并专注于一件事。当父母想要强迫这类孩子按照自己的意愿行事时，就会产生摩擦和冲突。

因此，如果你的孩子患有 ADHD，我还是比较建议你在他 10 多岁的时候给他自己选择的权利。这是任何一个 10 多岁孩子的父母都应该考虑的事情。青少年父母的作用就是在提供精准全面的信息的同时，提醒孩子不要错失那些好机会。应该与孩子进行充分讨论，并尊重他们的想法和意见。然而，有许多父母都企图领导孩子，就像婴幼儿期和少儿期一样，这反倒会制造不必要的矛盾和冲突。另外，建议您在咨询专家、顾问以及在 ADHD 教育领域具有丰富经验的教育工作者后，能够与你的孩子分享这些信息。

青少年的视野有限，缺乏长远的眼光。不过好在这正是父母们所擅长的。结合自己的社会经验，以比较长远的眼光引导孩子往好的方向发展。当然，即便需要父母的引导，选择权也还是要交给孩子。父母可以尽可能地为孩子提供更多更全面的信息，但也不要忘了多和孩子沟通交流。此外，还要站在孩子的角度，了

解他们的想法和需求。因为，交流沟通才是保持良好关系的关键。这样，孩子才会基于对父母的信任，多去了解父母们所提供的积极正面的信息，继而拓宽选择面。

父母总是非常焦虑。比如，为了让高考的备考过程轻松一些，通常会让孩子从小学四年级开始就进行进阶学习，争取早点完成中学的课程内容，并时刻督促孩子按照每日的备考计划有序学习。即便孩子患有 ADHD，但只要他们的各项功能都表现良好，就不会放弃对学习成绩的要求。这就是为什么在孩子上小学时对药物治疗持消极态度的父母，到孩子步入初中或高中后会开始转变态度，积极主动地提出治疗请求。当然，为了孩子的健康，主动提出治疗要求无可厚非。只不过如果是想通过锻炼孩子的注意力来让他们的学业走上正轨，那就有些舍本逐末了。因为孩子一直处于高压之下，治疗效□□□□□□□□不。

如果孩子和父母的需求相同，且他们能够坚持这个过程，那情况就相对较好。因为这也是孩子自己的选择。在这种情况下，孩子本人也会积极地参与治疗。但如果孩子对于坚持学业持抗拒态度，就会拒绝接受治疗，也就会彻底背离父母希望通过积极治疗，最大限度提升孩子学业成绩的目标了。

在孩子步入青少年期时，请放心地将 80% 的选择权交给孩子。与此同时，建立良好的关系，提供有效的信息，保持良好的沟通。通过这些行为，给孩子更多的选择。当亲子关系处于尴尬境地时，孩子会讨厌父母提供的一切建议。所以，一定不要忽视和孩子的情感联系。

　　给孩子选择的权利不意味着放弃父母应尽的责任。关爱、陪伴和呵护始终是不可或缺的，毕竟是父母嘛。但关于"未来要做什么""如何规划自己的职业道路"以及"会对哪个领域产生兴趣"等问题的答案，需要孩子自己去寻找，父母不应该剥夺孩子探索的机会。父母能为孩子做得最有效的事情就是，坚持沟通，建立牢固的情感纽带来保证孩子能够做出正确的选择。

Part 4

风暴中，父母在守护
『青春期的大脑』健康
方面起到的作用

01 不要让孩子在父母身上感受到挫败感

○ 请相信紧闭房门的孩子

"孩子关上门的那一刻，我的心脏砰砰直跳。"

"该来的还是来了。"很多家长表示，虽然他们之前做好了充分的心理准备，但当直面孩子青春期的各种表现时，还是无法做到从容不迫，游刃有余。在父母眼里，自己的孩子还是那个从头到脚都需要照顾的小孩子。但这个时期的孩子总是希望获得独立空间，不喜欢父母进入自己的房间。这时候就不要再责备孩子了，父母也是时候转变一下自己的角色了。

当父母觉察到那个总是缠着妈妈撒娇的孩子，曾经像个小尾巴一样跟在父亲身边玩耍的孩子消失了，他们就会产生一种失落感。从某种角度来看，学会对孩子放手可能比读懂孩子的青春期行为要更难一些。

孩子的青春期总是非常奇妙地和父母的中年期同时发生。我喜欢把这个时期比喻成玄关。当父母忙完一天的工作打开门回到家，迎面看到的就是即将外出的孩子。制订各种计划，希望能在下班回家后与孩子一起完成时，却发现孩子正打算出门，自然会觉得有些失落。面对这种情况，我们应该怎么做呢？自然是放他离开。孩子要出门意味着他有自己的计划，并且正在执行自己的计划。

然而，总是有一些还没准备好放手的父母，会抓住在"玄关"遇到的孩子。试图留住正准备离开的他们。虽然能够理解父母不愿和孩子分开的心情，但10多岁的孩子最感兴趣的还是外面的世界和未来，而不是小小的家。对于一个想要创造自己世界的孩子来说，父母的建议只会被不耐烦的他们解读为干涉和唠叨。

另外，我喜欢把父母"回家"的那一刻解读为收获的季节。收获的季节不仅代表着能够得到许多东西，也意味着到了需要整理整顿的时期。当然，中年期也很忙碌，仍需要在社交关系和工作中投入大量的时间和精力。不过，与青年期不同的是，长时间的工作所积累的经验，会让社交与工作变得游刃有余，有更充足的底气将重心转移到生活和家庭。这个时期恰好可以用来回顾和整理曾经所经历的一切。一直努力生活的自己，曾经结识的那些人，喜欢过的或讨厌过的事物……感受内心发出的信号，好好观察自己的内心世界，不再专注于外面的世界。开始思考自己的极限。

从此刻起，要开始做好"失去"的准备了：准备让最爱的子女们开始独立，准备告别年迈的父母，准备挥别青春年少的骄傲，准备迎接各种形式的"失去"。在这个过程中学会的温柔与威严都将融入亲子关系中。不过，一想到要送孩子离开，难免还是会感到失落与遗憾。

孩子的青春期对迈入中年的父母来说也是一个非常重要的时期。在玄关遇到的孩子即将离开家门确实会让人感到有些难过。终于有机会可以好好地关心孩子，终于有充足的时间能和孩子相处，但他们却对其他事情更感兴趣。所以，这个时期的父母和孩子之间虽然内心充满温情，但外在的表述或行为总会发生碰撞。

在孩子进入青春期后，开始为他们的独立做准备是非常明智的。可能有些人会认为此时还为时过早，但其实从青春期开始就需要尽量给孩子提供足够的选择权。需要教会他们要为自己的选择负责，要让孩子明白，即使做出了错误的选择，也还是有很多机会可以进行修正或重新选择的。这个过程不是通过口头描述就能传达充分的。必须通过行动展示，最好可以和青少年子女一起面对和解决。这是一个比以往任何时候都需要沟通的时期。这个时期，父母不再以成年人的身份告诫孩子，而是开始以平等的心态，尊重孩子，共同协商、一起探索、学习和讨论。可以明确的是，我们需要一种将青少年视为独立个体的态度。

你的孩子开始紧闭房门了吗？不要试图强行打开他的房门，

也不要乞求孩子打开房门。小时候再亲密无间的兄弟，长大后也不能随意进出彼此的家。这件事情也是如此。将孩子视为一个独立的成年人，是对待"在玄关遇到的孩子"的最佳方式。请认可那些喜欢独处的孩子，更喜欢和朋友相处的孩子。"孩子进入新的发育阶段，我们也是时候转到幕后去默默地照顾他们了。"要以这样的心态看待孩子们的成长。

不过，这并不意味着要接受孩子所做的一切。当涉及青春期可能会出现的问题（不讲礼貌或深夜看视频等）时，父母还是应该和孩子约法三章，制定一些限制条件。如果他们的行为在一定的限制范围内，就不必过度关注和劝告。过度的劝告在他们听来可能不是建议而是唠叨了。青少年已经不再是 24 小时都需要父母关注的小孩子了。从这一刻起，孩子需要在父母给予的信任下，懂得责任，学会成长。

○ 请相信孩子所说的"我会自己看着办的"

"我会自己看着办的。"这是 10 多岁的孩子最常说的话，但作为父母不能真的放任孩子独自处理所有的事情。衣食住行，教育培训依旧是父母的责任。所以，听到孩子说出"我会自己看着办的"，父母不免会感到心酸。

在孩子的生命中，父母起到怎样的作用呢？大致可以分为三类：培养、教育和管教。

"培养"主要指喂养和照顾孩子，通常会对孩子的美德和性格产生影响。父母的培养态度塑造了孩子对人和世界的基本态度，孩子会通过这种态度，决定作为社会成员应该如何行事，应该具有怎样的价值观等。在某种程度上，它是父母所扮演的角色中分量最重，占比最多的部分。

父母的第二个作用是"教育"。教授孩子待人接物的礼仪，让他们学会遵守规则和规范。此外，"教育"还有一部分与智力有关。为了给孩子提供更全面的信息，帮助他们积累丰富的知识，父母会充分利用各种教育机构。我们通常会认为父母的教育作用主要体现在连接学校和私立教育机构层面，但其实更重要的一点在于价值观、规则和规范的建立方面，父母会成为孩子模仿和学习的一面镜子。孩子会去吸收父母无意中传达表现的观念，就像湿纸巾一样。可见，父母教育中言传身教远比知识传递更加重要。

父母的第三个作用是"管教"。可以帮助孩子培养调节和控制负面情绪和行为的能力。过去常听人说"不应该以状态不好为借口，理所当然地不好好表现"。而现在这句话变成了"不要让心情影响态度"。孩子需要管教的时刻往往出现在他们突然失控，采取和朋友或兄弟姐妹打架、争执、骂人等粗鲁行为的时候。青少年期的孩子需要一定程度的管教，但不应该是僵硬的制定规则，而应该是一个一起讨论、相互约定的过程。这就是"管教"存在的意义。

培养、教育和管教这三项在青少年期仍起到重要作用。不过，仍有许多家长都误以为这三项应该随着孩子的成长过程逐一出现。

婴幼儿期的重点放在培养上，而随着孩子步入学龄期，则应该把重点转移到教育上。等到青少年期父母应该专注于自己在管教方面起到的作用。尤其是到了青少年期，许多孩子都变得叛逆难管，所以父母更应该加强对孩子的管教，以免他们偏离正轨。但这只会导致他们和青少年子女之间的关系变得更加僵硬和疏远。对父母所扮演的三个角色中的任何一个加重筹码，都有可能导致不良后果。综上所述，青少年时期也应该把握好培养、教育、管教三方之间的平衡。

青少年也需要与婴儿期同等分量的"培养"。只是，孩子在婴儿期无法认识到自己的需求，需要父母全方位的细心呵护。而青少年期，父母只需要学会接受孩子提出的需求。大脑发生戏剧性变化的青少年期，孩子的依恋关系、气质和自尊变得更加凸显。因此，每个孩子都会以不同的方式来表达他们内心发生的各种不适和尴尬。此时的父母需要转变自己所扮演的角色。如果说过去父母要做的是替孩子解读他们自己的需求，提供他们的日常所需，那么现在就需要转向接受和认可孩子自己所提出的需求了。

所以，孩子的那句"我会自己看着办的"是值得鼓励的。这是因为他必须不断成长，成长到能够以一个独立的个体，一个成年人的身份被大家对待和尊重。

"你只管学习就好，剩下的都交给妈妈。"如果像对待小宝宝一样照顾10多岁的青少年，帮他做所有决定，为他提供他可能需要的一切，以过度保护的方式对待他，那么他就会觉得自己始终无法得到他人的认可。孩子很难把这些行为视为爱，他们可能会感到局促，觉得压力过大，并试图逃离。希望能够独立自主，想要反抗现有秩序，这些都是伴随青少年大脑发育的正常心态。

有时，孩子习惯了父母的过度照顾，就会理所当然地将自己能够完成的事情毫无负担地交给父母来做，甚至像小宝宝一样，无法控制自己的各种需求和欲望。任何事都完全按照父母的要求去做，这并不代表孩子的适应能力良好，反倒可能代表他的发育速度相对迟缓。

青少年的大脑发育速度飞快，包括性激素在内的身体变化也很大，心理状态和社交能力的变化以及思考方式和认知方面的发展也十分惊人。处于这个年龄段的孩子比任何人都敏感多思，喜欢抱怨，情绪起伏大。所以，很容易将朋友之间的小矛盾和小别扭认定为人生大事，他们会选择公开表达对社会的不满，去攻击父母等老一辈的人，对社会中约定俗成的习惯或家庭内制定的规则感到窒息。在这个发育阶段，这样想是一件非常正常的事情。如果感到不满却不去抱怨，反倒可能会成为更大的问题。对于这种自然的发育过程，父母能接受多少才是最重要的。

我之所以反复强调这些内容，主要还是因为有许多父母都很难接受这类孩子的态度。虽然孩子叛逆的想法，尖锐的言辞，糟糕的态度都令人反感，但确实是那个时期最真实的样子。阅读本书的父母曾经也都经历过那样的叛逆期，只不过程度的轻重有所不同罢了。

虽然孩子表示自己会看着办，但他们提出的意见或执行的过程并不完美。满足孩子的"一切"需求，本就不是父母的职责。许多父母都误解了"对孩子的情绪感同身受"和"尊重他们的意见"所表达的含义，试图满足孩子的所有要求。但孩子本就尚未成熟，他们可能为了满足眼前的快乐和心愿，提出非常短视的要求。作为父母，自然不能答应这种请求了。对于孩子所表示的"自己会看着办的"，从态度上可以表示积极接纳，但内容上还是需要付出时间和努力好好审视，认真修改。

在孩子还小的时候，父母可以帮他做决定，为他加油打气，鼓励他好好完成这个过程。但从青春期开始，父母就需要转变心态，为孩子提供各种选项，让他自己做决定。当然，提供的选项也需要参考孩子的意见。

在做出选择之前，应该就各种选择与孩子进行充分讨论。坦诚地对双方的选择加以评价，这种过程日积月累，孩子就会知道自己的意见并没有被父母所忽视，他们非常尊重自己的选择，并努力倾听自己提出的各种意见。此时，即使最终的结果不是孩子想要的，但由于父母在这个过程中认真听取他的意见并仔细分析各个选项的优劣，他们也能毫无抱怨地欣然接受父母的提议。因为在这个过程中，他们能够明白自己提出的意见在当前看来似乎不错，但在将来可能造成不利影响或受到阻碍。也就是说，即使撤回自己的提议，也不会有任何不满。反倒会感谢父母在这个过程中所给予的耐心和爱护。这就是青少年期"教育"和"管教"

起到的作用。

让孩子对自己的选择负责也是一种管教。如果孩子在和父母讨论后，了解各项情况但仍然坚持自己的观点和选择，那么就应该让他经历这个过程，哪怕在父母看来最终的结果显而易见。通过这个过程，孩子会更深切地理解父母之前说过的话，并将其作为经验运用到以后的选择中，这可以帮助他们在今后的选择中做出更成熟的决定。

"爸爸之前说过这样做会很辛苦的。"没必要在孩子碰壁后，再说出这样的话。这种情况下，孩子自己非常清楚"伤口"在哪里，不需要父母强调。所以，请避免对孩子说出那些让他感到被无视或被侮辱的语言，这是造成孩子不想和父母说话的主要原因，这会让他们觉得自尊心受到了伤害。

到了青少年期，父母就会闲下来吗？如果那样就好了，可惜并不是。这个时期，反而需要父母投入更多时间和精力。他们会变得更忙碌。可能很多人都觉得，这个时期的父母只需要安排时间给孩子报上各种补习班，然后通知孩子去上课就可以了。然而，真的这么简单吗？相比过去直接给孩子提供日常所需，现在不仅需要给出更多更好的选择，还需要和孩子进行充分讨论。这样一来，父母只能变得更加忙碌，花在孩子身上的时间也更多了。

○ 请与一直表示抗拒的孩子持续对话

当孩子迎来自尊心更强、变得更加固执、更喜欢彰显自我意识和主张的青春期时，从父母的角度来看，如果孩子做出诸如顶嘴、嫌弃等不礼貌的姿态和表情时，是否也会觉得受伤或伤自尊呢？出于这种心理，常有人利用自己作为父母的优势来压制、打败孩子，难道这种行为不幼稚吗？但是作为父母，我们时常在孩子面前，表现出这么幼稚的一面。

最近，有很多父母会在女儿第一次来月经或儿子第一次梦遗时举行派对，以示庆祝。既然能接受孩子青春期时身体方面的变化，那么为何不能为接受孩子的认知发展和自我发展做好准备呢？当孩子走回房间"砰"的一下把门关上时，不妨怀着庆祝的心态向孩子表达"哦，原来是到青春期了！这代表你长大了！"。青少年的反抗属于第一阶段的发育任务，这是一种很自然很健康的正常行为。如何接受这种变化，是孩子步入青春期时，父母面临的第一个课题。

青春期的孩子会不时地用瞧不起父母的语气说话。有一次，我在家和家人一起吃晚饭，在闲聊过程中，孩子突然说了一句"爸爸真笨"。此时，我应该回答什么呢？是"笨？我上学的时候成绩可好了"吗？我的妻子又应该对孩子说什么呢？是"不能对爸爸没礼貌"吗？我觉得在孩子面前展示自己的不足之处是很自然的事情，谁都不可能是完美无缺的。在一起生活的过程中，总会在家人面前暴露自己的缺点，这没什么大不了的。"在爸爸面前总是很轻松呢！"我很高兴也真心希望，青春期的子女和我之间的关系，能让他毫无负担地对我说出这句话。

有时我还会打趣自己，"以前爸爸也很擅长这些的！但现在就不太了解了。"这时，孩子也会取笑我。可能这件事情对他来说再容易不过了，但我却不太了解。不过，我并不羞于表现出这样的缺点。通过这件事，孩子也明白我不会因为他做不到某些事情而对他失望。

请给孩子留一些空间，让他们的压力不要过大，让他们知道暴露缺点不是一件让人羞愧的事情。父母要学会排解孩子的焦虑和压力，让他们能够放心大胆的行动，不会因为各种担忧而束手束脚。父母"坚硬"一些，孩子就会摔得狠一些；父母"柔软"一些，孩子摔得也会轻一些。如果父母能为孩子留有选择的余地和自由的空间，孩子也不会那么叛逆。

"这就像一个洞穴，前方黑漆漆的，什么都看不到的洞穴。为什么我的孩子会发生这样的变化？会永远变成这样吗？"

当一个听话的乖孩子变得有些咄咄逼人时，父母的内心也会受到伤害。正如我们在第二部分中介绍的那样，有些孩子会非常顺利地度过青春期，而有些孩子的青春期则会异常艰难。面对那些青春期的"症状"非常强烈的孩子，父母也会深感疲惫。不过好在那个阶段总是会过去的。这就是为什么我总会向大家强调，如果你希望自己的孩子在度过青春期后还能毫无顾忌、非常自然地站在自己身边，那就要帮助孩子好好度过这段"黑暗"的时期，至少不要让自己与孩子的关系变得疏远。

请允许他们一定程度的叛逆，请坚持和他们沟通交谈。当发现他们误入歧途，一定要及时制止，哪怕发生争吵。不要带着情绪对待孩子的叛逆。当孩子看到作为父母的你能够以这样从容坚决的态度对待青春期的各种问题时，他也会向你学习，努力适应发育过程中出现的各种状况。

○ 经历挫折与困难的青少年期：父母要起到缓冲作用

仔细观察 10 多岁的孩子，也就是从小学高年级到初中阶段的青少年，就会发现他们一天一个样。男孩会突然长得高高的，开始变声，开始散发男性的味道。他们精力充沛，每天都有使不完的力气。而作为父亲，看到孩子长出黑黑的胡茬，开始教他如何使用剃须刀时，才会深切意识到这孩子是真的长大了啊。

大脑中的突触修剪和激素分泌会改变孩子的思维和认知。虽然肉眼不可见，但这种发生在大脑中的变化远比身体上的发育要来得快。10 多岁的孩子正努力适应着身体、情绪和认知方面发生的各种变化。所以，当我看到这个年龄段的孩子时，一方面会觉得他们很棒，另一方面也会为他们感到不安。

当孩子慢慢长到 18、19 岁，也就是从高中到大学一、二年级的青少年后期，就可以发现他们生长发育的速度变慢了，也已经习惯了身体、情绪和认知的各种变化。因此，与青少年早期相比，他们显得更平静，也没有那么咄咄逼人。尽管目前他们的身体发育和情绪变化都比较稳定，但他们的认知仍在发展着，所以这个年龄段的孩子会开始担心未来的发展、职业选择、家庭、婚姻、友情和梦想等各种人生大事。

因为现实并不像他们的愿望和想法那样完美，所以处在青少年后期的孩子会感受到一种无形的压力，也会觉得非常无力。特别是在以学习成绩为导向的模式下，比如成绩不达标的孩子会产生一种挫败感和自卑感，继而产生一些消极的想法，渐渐失去对生活和世界的留恋。另外，当父母独断专行地为孩子规划职业发展路径并强迫孩子严格按计划执行时，孩子可能会恐惧于拒绝父母的后果，选择推迟自己对世界和人生的思考以及判断。孩子时常因为"现在不是考虑这个问题的时候，对我来说，即将到来的模拟考试才是最重要的"这种想法，推迟当前的发育任务，即对自我认同的思考。在有人主动提出这个问题的时候，他们也会下意识地拒绝沟通，甚至还会认为这种思考是虚无缥缈、不切实际的。孩子就是在这样的状态下，根据成绩选择大学和专业的。

虽然不是所有人都这样想，但父母中似乎存在一种心照不宣的专业排行榜（像是参考了成绩最优秀的孩子的父母的意见一般）。就理科而言，如果孩子的成绩优异，大多会选择医科大学。通过这种方式选出的专业如果恰好适合孩子，那对家长、孩子和社会来说都是再好不过的事情了，属于三方共赢的结果。但是在茫茫的应届考生中，有多少人能选到适合自己的专业呢？又有多少人是经过充分的思考做出决定的呢？

我认为到了青少年后期，孩子应该怀揣着对未来的梦想，对基础的社会构成和秩序的好奇，更积极地思考"我将来要做什么""我未来想做什么工作"。然而，事实上他们基本没有足够的时间去思考，只能盲目遵循父母单方面为他们制订的计划和目标。在理想与现实的巨大差距下，长期关注儿童心理健康后，我开始思考，既然无法立刻改变现状，那么为了让孩子顺利度过这个时期，我们可以为孩子提供哪些帮助，而孩子又能为自己做些什么呢？

既然无法改变以学业和成绩为最重要目标的社会氛围，那么我希望孩子至少不会在父母这里受到更大伤害。不要让那些在外面连连受挫的孩子觉得"连父母都不理解我"或"连父母都不向着我"。这些想法会对孩子的情绪和发育产生极大的负面影响。

"和青少年站在同一阵营"听起来有些理想主义。尤其是那些以"为孩子好"之名，强迫孩子按照要求完成学业，甚至不惜花费大量金钱去上"超前班"的家长，即使这些要求与孩子的需求相悖他们也在所不惜。对于父母来说，与那些处于叛逆期的，会摔门而去的孩子持续沟通也是一门功课，需要足够的勇气。我曾经也花费了不少功夫，才听到儿子的心声。

但是，父母不去过问孩子的事情是因为"对他们思考的内容完全不感兴趣"，还是"虽然担心，但选择尊重，所以谨慎"，这两者是完全不同的，孩子能够清楚地感知这一切。所以，父母不能切断接收孩子传达各种信息的"天线"。父母应该做的就是，减少干预，增加关注。

请不要让孩子在父母身上感受到挫败感。虽然父母无法承担孩子的学业负担，但可以通过提供稳定的情绪价值来支持孩子。

02 改变对孩子的既存想法和态度

○ 了解亚文化才能进行有效沟通

判断一个孩子是否顺利度过青春期的标准，并不在于孩子是否听从父母的安排，而应该是，孩子是否能用语言向父母表达自己的感受和心情。

用语言来表达情绪并不简单。如果青少年的语言表达能力能随着他们的大脑发育同步提升就好了，可惜语言能力并不像思考能力那样迅速提升。仔细想一想，精准地用语言来表达自己的想法和感受对于成年人来说也不是那么容易的一件事，更何况对于孩子。所以，希望家长可以理解，青春期的孩子不经常向父母吐露自己所面临的困难或心中的困惑，可能不是因为他们不想和父母分享，只是因为他们不知道应该怎么说。而在这种时候，如果还不停地对孩子唠叨"为什么不和妈妈说话？你不说话，我怎么知道发生了什么"，只会让孩子更加疏远不能理解自己的父母。

说话也是一门学问，持之以恒地引导能够让孩子从沉默不语到慢慢开始和父母交流。做到这一点，父母需要学会用"语言"来表达自己的感受，而不是"愤怒和谩骂"。父母应该用"这件事让我觉得有些遗憾""我现在思绪有些混乱，不知道该从何说起，先让我整理一下思路再来跟你商量，好吗"等语言来表达自己的感受，而不是大喊大叫，暴跳如雷地采用情绪化的处理方式。如果父母不善于用语言来表达情绪，那么在他们的陪伴下成长的孩子也很难学会用语言来表达自己的情绪。

"如果孩子的情绪表达能力确实存在问题，而且他已经10多岁了，我们应该放弃他吗？"当然不。正如本书中提到的关于青少年的依恋和气质相关内容，尽早学会用语言表达情绪自然是最好的，但迟了也不代表毫无办法。如果父母能够为了改变孩子坚持训练，那么即便短期内看不到显著提升，但经历整个青少年期或许会有较大的发展和提高。

在我们的社会中，存在一种居于主导地位的文化倾向和价值观念，被称为主流文化。还存在一种与主流文化相对应的，能够创造出独特的文化现象和价值观念的亚文化。语言习惯也是如此。青少年期的孩子特别喜欢创造专属同龄人的亚文化。他们通过批评现有文化和老一代人的不恰当行为来制造归属感。为了表现

"我们不一样"，创造和分享那些抒发同龄人共同感受的内容。有一段时间，出现过一群将某品牌的大衣作为制服穿着的学生，也有过一群因特定游戏联合在一起的孩子。拍摄并分享短视频的文化在年轻人当中也非常流行。结合上文我们可以看出，对亚文化抱有强烈归属感的青少年期，语言表达方面最常见的行为就是创造新词。

新词最常出现于青少年之中。当年轻人创造了一种新的表达方式，并觉得这种表达方式非常时尚，就会扩大其分享和使用的范围。而成年人很难干预创造和分享新词的过程。

我们这一代人在学生时期，常被老师提醒，要使用"正确的""标准的"语言，但在那时大家基本都会对这种提醒充耳不闻。创造属于自己的表达方式，使用缩写词或同龄人之间才会懂的梗进行交流是非常有趣的一件事情。不能理解这一点的大人，在孩子眼中就像"老年人"一样无趣。

"那是什么？搞这些胡编乱造、乱七八糟的词很好玩是吗？"以这种贬低语气回应孩子的新词创造是非常不可取的。这只是那个年龄段的孩子特有的娱乐方式。不要固执地将它视为一件坏事。大家可以将它看作是证明和建立青少年身份的一种试验。属于彰显青少年的喜好和品位的一种尝试，因为孩子觉得现有的主流文化无法完美诠释他们的需求和个性。

成年人认为新造词会造成交流障碍，所以对它们持否定态度。但我认为成年人应该好好了解孩子的这些表达方式。当然，这并不代表成年人也要使用这些表达方式，而是指了解它们有助于促进彼此的沟通，也更容易理解青春期孩子的思想变化和遇到的困难。当家长能够肯定和接纳孩子的表达方式，并熟练掌握这些词句所代表的含义时，新造词反而会成为家长和孩子交流的桥梁。

熟悉主流文化的成年人尝试了解孩子的亚文化或集体文化的过程，能够为孩子树立平衡感。这个年龄段的孩子，脑子里没有"适度"的概念。当他们痴迷于一种全新的体验时，就会"一路走到底"。甚至，他们还会试图测试出被允许的最大范围和所能承受的最大刺激。成年人对孩子的的亚文化做出的批评与指责，不但不会削弱孩子对这类文化的兴趣，反而会激发孩子的叛逆心理。其实，只要出现一位了解孩子的亚文化，愿意理解和接受孩子的这种"玩笑"的成年人，那么即使他们暂时性的"误入歧途"，也能受到来自这位能够与他们交流沟通的成年人的积极影响，调转"走错的"思想和行动。同时，还能利用这个过程（机会），从别的同龄人身上学到欣赏他人的包容性和多样性的态度。

希望大家可以主动学习孩子的新造词。只有顺利无障碍的沟通，才能读懂孩子的想法，才能找到帮助他们的办法。

○"变成怪物的孩子"也有恢复能力

孩子的情绪和行为都具有一定起伏，前一秒还开开心心的，下一秒就急转直下。即便此刻孩子的情绪状态不是很好，父母通常也能够感知大概在多久之后孩子的情绪会有所好转。比如，有的孩子会突然发火并气哄哄地跑回房间，但到了晚饭时间又会像什么事都没有发生一样准时出现；有的孩子在承受巨大压力后，会选择盖紧被子好好睡一觉，睡醒了再去发泄和释放心中的压力；还有一些孩子会嘟着嘴跟父母闹别扭，但在父母主动妥协后，选择立刻"接受"。因此，父母的观察往往是"记录"孩子的重要标准。父母通过长期抚养、观察孩子，与孩子一起生活、交流，建立了能够及时反馈孩子的情绪与行为变化的标准。虽然这种标准非常主观，但我们可以设定一个可接受的范围，在这个范围内，生气到好转的节点是可以被识别的。

然而，有时父母的主观感觉会超过这个标准和范围。这是一种很难用客观方式解释的"感觉"。此时，我比较倾向于尊重父母的主观看法。但是，接受这种判断的前提是，父母没有严重的情绪障碍或焦虑症，以及到目前为止父母对孩子的情况做出的判断都比较准确。

仅凭主观感受就说孩子变得有些奇怪，可能听起来并不专业也不科学。但当我们与父母交谈，询问他们孩子过去的样子和现在的样子，以及他们的判断依据时，就会发现父母的观察非常重要。以父母的此类观点为基础，在孩子身上检测到危险信号的概率非常高。虽然当前有不少可以通过定量数据进行检测的方法，但尊重父母的主观判断，有助于我们及早发现和进行干预。

孩子的行为和情绪的波动，通常能够在我们研究总结的模型中找到较为匹配的方案。然而，我们不能将青少年期的种种行为框于这种标准，这是一个超出标准的时期，这是父母培养孩子的过程中，第一次也是唯一一次需要打破原则的时期。孩子会在好与坏之间来回游走。

父母在孩子青少年期采取的行为中有两个非常不好的例子。第一种是无动于衷，将患上严重抑郁症的孩子简单断定为青春期的正常现象。我们曾经遇到过一例被诊断为精神分裂症的孩子，虽然是个比较极端的例子，但还是具有一定参考价值。当这个孩子向父母表示自己因为周遭的朋友都讨厌自己而感到非常困扰和难过时，并没有引起父母的重视。他们忽视孩子的内心情绪，只是告诉他忍耐一下，一切都会好起来的。经过长期积累，这种消极情绪的根深蒂固，最终导致他患上了精神分裂症。

第二种是过于敏感，甚至有些神经质。父母对孩子的期望过高，太过完美主义，所以一旦孩子犯了一个小错误，或者出现一次越界行为，他们就会表现得像是发生了什么大事一样。他们不清楚孩子会在青少年期发生一些变化，或者不愿承认他们的孩子会发生这种变化。敏感的将孩子的一些自然表现视为对立性反抗障碍或抑郁症。比如，违反一些无关紧要的规则，表现出正常的情绪起伏，身体对经期综合征等生理变化做出的反应等。如果对孩子的每个行为都过于敏感和挑剔，就会导致亲子关系出现严重障碍，诱发真正的疾病。这属于非常糟糕的情况，会导致孩子的大脑受到严重损伤。

这就是为什么我们需要改变对青少年的态度和想法的原因之

一。孩子成长到青少年期，并不意味着他变成了一个怪物。虽然表面看起来变化不小，但他还具备着基本的情绪恢复能力和对父母的信任。请相信！如果父母能够在这种信任的基础上，理解孩子的亚文化，接受他们的情绪起伏和极端想法，那么无论是孩子还是父母都不会走向极端，都能够游刃有余的识别和应对青春期的各类问题。

○ 青春期子女与中年父母的对抗

如前文所述，青少年期是孩子暴露真实面目的时期。孩子身上慢慢显露出一些略显陌生的性格，融洽的亲子关系也开始出现意想不到的问题。不论对孩子还是父母来说，这都是一个非常艰难的时期。

15~20岁的孩子正处于发育高峰期，情感、身体和认知方面的发育都非常迅速。而他们的父母却处于发育的衰退期，处于认知能力和个人活力双双下降的时期。情绪方面会存在较大变化。我们常说的"中年危机"就是从这个时候开始的。因此，青少年期有时会被视为父母和孩子之间最易发生正面冲突的时期。尤其是随着父子之间、母女之间各种矛盾的堆积和情绪起伏的碰撞，他们变得更加敏感，对彼此的抱怨和不满也越来越多。

但我认为在这个时期他们可以起到互补作用。对于父母来说，从巅峰下来也意味着他们的社交活动变得不那么活跃了，可以开始关注身边的事物了。如果说以前追求的是社会成就、高薪和出色的业绩，那么现在将开始回归家庭，思考人生的意义。同时，对子女的关注度也会大幅上升。当这与需要父母关注的青少年相结合，就可以产生良好的协同作用。

当然，如果父母在此之前没有与孩子建立良好关系，积累足够的相处经验，孩子可能会消极应对父母突然而至的关注。尤其是那种指责孩子的穿衣风格，用关心的语气唠叨不停，或将孩子们的亚文化视为不务正业，横加指责的行为。

只要对消极的接触方式做细微调整，那么将注意力转向家庭的中年父母和青春期子女间的相互配合将成为极大的优势。父母能够尽可能的包容那些可能陷入危机的孩子。而父母回归家庭后所展现的包容与接纳的态度，也能成为孩子拓宽视野的契机。

这对父母也有助益，他们可以通过青少年子女接触和体验各种新鲜事物，获得新的快乐和活力。这会带来一种正向的能量。孩子的亚文化中也有许多有趣有用的元素。这种互补式的交流交换可以达到取长补短，相得益彰的效果。

03 为了健康的亲子关系，一定要照顾好自己的父母

○ "我"为什么不能接受孩子的想法呢？

世界上再没有比抚养孩子更伟大的事情了。在抚养孩子的过程中，我们会接触到不同于以往的新视角。除了"我的世界"以外，还会有另一个世界在我们面前展开，让我们接触到那个促使我们成熟长大的机会。虽然，我们大多认为"另一个世界"比"我的世界"更加珍贵，但却不得不在一段时间后离开"另一个世界"。不过，接触他的过程能够帮助我们强大内心，是个不可替代的过程，而这个过程中最重要的阶段就是青少年期。

但有时我们会讨厌这个比我们更珍贵的"另一个世界"。看着

他吃着碗里的望着锅里的，就觉得有些碍眼。如果经常产生这种感受，那么我希望你可以多花点时间来检查一下自己的精神状态。检验一下是不是他的某些行为触动了你内心的某个部分，而这部分或许正是你的弱点。

据说，"依恋关系"是会传承的。父母对待孩子的方式是他们从孩子的祖父母那里继承来的。"依恋关系"并不仅在孩子的婴幼儿期起作用。在"关怀"和"培养"变得格外重要的青少年期，依恋和气质等部分也会随之显露。随着孩子的依恋和气质慢慢显露，父母的依恋和气质也会显露出来。有时彼此间的依恋和气质还会发生冲突。这可能是由于孩子对父母的期望和父母对孩子的期望彼此对立。

此时，最需要做出改变的不是孩子，而是父母。孩子表现出的不稳定依恋与父母的行为举止带来的影响息息相关。孩子的气质是他的特质，应该被接受。如果父母在孩子面前表现出不稳定依恋的样子使孩子无法给予父母所有"依恋"，那么父母就应该为纠正亲子间的依恋关系做出积极尝试：为孩子提供坚实的依靠，让他们能够交付全部信任。

如果只是不太适应这个过程，或只是单纯对孩子的不优秀感到气愤，那么还是建议你先检查一下自己的气质和自信心方面是否存在问题。我们一定要牢记，父母的焦虑会传染给孩子，所以我们需要不断调整自己的心态。

○ 回顾父母的依恋、气质和自信心

在孩子出生后，父母就会迎来前所未有的体力挑战。每隔两三个小时就会被哭闹不止的婴儿吵醒，然后开始喂奶、换尿布，再次哄他入睡。白天尚在忍受范围内，但当半夜时分都恪守三小时一哭的频率时，着实让人有些吃不消，甚至很多父母还表示自己都想跟着孩子一起哭。此时此刻，能坚持下去的都是勇士。当然，还是有许多父母能够做到的，因为足够爱。

过了那段时间，在孩子开始爬行、走路、跑跳后，新手父母们会觉得身体上的疲劳感正在渐渐减轻。但他们会为了加深情感上的依恋关系变得更加忙碌，一刻也不会将视线从孩子身上移开。与此同时，他们与孩子的感情也会凝实许多。在这个阶段，会有许多新手父母开始回想自己的父母，回忆自己的童年时光，思考父母培养自己的方式。感激父母的辛勤付出，回想当年自己对父母的各种不理解，深感内疚。

抚养孩子的过程，也是触动自己年少时依恋关系的过程。如果回忆自己的依恋经历，就如同伤口撒盐一般疼痛该怎么办呢？如果我们只纠结于父母留给自己的缺憾，那么抚养孩子的过程中也会异常疲惫和不快乐。理解父母当时的处境，承认他们的辛苦，明白当年的父母和现在的自己一样，存在许多不完美的地方，但他们也曾尽自己最大的努力让"我"健康成长。另外，也请你仔细想一想，你希望自己在孩子的眼里是什么样的父母。或许在某些情况下，你需要接受心理咨询和治疗等专业性的帮助，避免传递负面的依恋关系。

在抚养孩子的过程中，我们会面临各种各样的危机和挑战。每经历一件事，我们的内心就会比之前强大一点点。或许在某一瞬间，我们会突然理解自己的父母，顺势原谅他们，但也有可能永远无法谅解曾经的一切。因为，有些事情确实可以理解，但无法谅解。痛苦的记忆会慢慢淡化，这个过程是自然发生的，是一项无法学习只能慢慢积累的宝贵财富。抚养孩子的过程中自然萌生的慰藉感，是通过任何心理咨询都无法获得的。

在孩子的青春期，在这个孩子似乎已经长大了的时期，埋藏于我们心中许久的，关于父母的回忆正在慢慢苏醒。如果没能在这个时期正确看待自己，可能会导致亲子间的矛盾持续僵化。不妨回顾一下，自己与父母之间的依恋关系。当然，并不是要求大家无条件地接受自己的父母。只是建议大家多花一些时间来检验自己的依恋关系，并建议大家就"你想成为什么样的父母？"这一问题进行充分思考。

同时，希望大家可以检验一下自己的气质。我之前提到过，孩子的气质会在青春期再次显露。读懂和接受孩子的气质，与此同时，好好观察自己的气质。有些家长总觉得自家孩子太过散漫和邋遢，却没有想过是不是自己对孩子太过苛刻或太过完美主义了。另外，"关门的声音太大了""没洗干净""看视频的声音太烦人了"诸如此类的抱怨，是不是因为自己对孩子的一些小动作过于敏感了？

  如果对于青少年子女坚持自己的主张，拒绝家长干预的行为有些恼火，不妨先反思一下，自己在依恋、气质或自信心方面是否存在一些缺陷或问题。这有助于建立健康的亲子关系。

ⓄⓉ 当你必须介入孩子"受伤的大脑"那一刻

○ 10 多岁孩子发出的预警信号

　　我一直在考虑要不要使用"受伤的大脑"这种表述方式。因为当我们把青少年的发育阶段分为"奇怪的大脑"和"受伤的大脑"时，没有对此做深入了解的父母会误以为大脑受伤或生病属于负面情况，这会让他们格外担心、忧虑。

　　尽管如此，我还在坚持使用这种表述方式，原因在于"伤口"是可以治愈和恢复的，青少年的大脑也是如此。由于青少年大脑的多变性与可恢复性，我们将该阶段视为人生的第二次机会。10多岁孩子的大脑皮层非常活跃，这意味着大量的"修剪"活动能够使突触连接发生变化，大脑神经网络得到强化。但这个时期的各种刺激，会让孩子反馈出与往常截然不同的行为举止。不过，这些反常行为都会随着时间的流逝慢慢恢复，过去的创伤也会渐渐治愈。

显然，青春期的大脑可以跳过"奇怪的大脑"阶段，直接来到"受伤的大脑"阶段。随着抑郁、焦虑、叛逆和注意力不集中等症状的恶化，有些孩子会让人怀疑是不是患上了某种疾病。当然，这些症状都是可恢复的。在父母的努力和专家的帮助下，青少年的这类症状都是可以治疗的，也有极少数幸运的孩子可以依靠自己的力量不"药"而愈。

当然，正如我们的身体会出现无法治疗的疾病一样，大脑也可能会有无法治愈的疾病。遇到这种情况，就需要像治疗高血压、糖尿病和肾病等慢性疾病一样，坚持长期、持续的控制和管理。只要它还未演变成慢性疾病，或是伴随着青春期早期出现的问题，就还有复原的希望。

不过，有些时候问题可能出在父母身上，他们还未做好准备忍受孩子的异常和痛苦。有没有这种可能呢？孩子可能已经充分表达了自己面临的各种困难，父母也对他们的各种情况心知肚明，却碍于无法给出任何帮助而充耳不闻。"不知道该为孩子做些什么""提不出任何解决方法""明知孩子因为学业繁重承受着各种压力，但又不可能让孩子放弃"……出于种种考虑，假装看不到孩子的难处。

抚养一个 10 多岁的孩子是件非常难的事情。10 多岁孩子的生理特点很难用一本书或一句话简单的概括总结。孩子特有的性格，加上瞬息万变的环境因素，常常让人摸不着头脑。

父母可以为那些苦苦挣扎的孩子做些什么呢？其实，只要他们稍微降低自己对孩子的过高期望，紧张的亲子关系就能得到缓和。越是希望培养一个完美的孩子，对孩子赋予过高期望，就越容易遗忘作为父母本应发挥的，为孩子提供情绪价值的作用。

看着 10 多岁孩子的样子，父母会觉得他们长大了。所以与幼儿期和少儿期相比，他们会减少对孩子情绪方面的关注度。此外，随着年龄的增长，父母对孩子的要求会越来越多，唠叨的话也会越来越密，此消彼长，闲聊和交谈的机会就会大大减少。所以，很多父母都不知道这个年龄段的孩子对家务很感兴趣。孩子的注意力看似被朋友、学校和明星牢牢占据着，但实际上，家庭对 10 多岁的孩子来说是非常重要的。虽然表面上看起来他们对来自父亲充满关心的话语冷漠以待，但其实他们的内心是非常开心的。当父母之间的关系恶化，氛围凝重时，哪怕孩子表面装作若无其事，内心也会持续关注这件事情。父母之间的纷争或父母离婚的决定，对孩子影响最大的时期就是青少年期了。这是因为，青少年属于"伪独立（pseudo independence）"时期，希望自己能够独立，却又对家庭格外关心。

这是一个情感充沛而又敏感的时期，会将家庭问题看得十分重要。因此，在孩子的青少年期，保证家庭和谐是非常有必要的。

这是打造"不会受伤的大脑"的重要因素。

除了提供情绪价值以外，为了孩子的心理健康，父母还需要发挥第二个作用，那就是"识别"作用。父母应该尽早识别孩子发出的预警信号。当然，这不是要求父母去控制孩子的日常生活。只是考虑到父母与孩子长期生活在一起，熟悉他们的性格和特质，当孩子身上出现问题时，父母会是最早发现异常情况的人。

○ 谁都有可能"领取"受伤的大脑

无论是什么疾病，尽早治疗都是最好的选择。在孩子的大脑从"奇怪"发展到"受伤"阶段时，没什么比父母拒绝理解，拒绝接受孩子的痛苦更让人心痛的事情了。将治疗"生病的大脑"与治疗身体上的疾病差别化，甚至歧视化的人有错；但因为害怕这种"污名"和流言蜚语，选择沉默以待，不接受专家帮助的父母同样有错。

大家应该都经历过幼儿急疹吧。虽然幼儿急疹多发生在 1 岁左右的婴儿身上，但这并不意味着只有 1 岁的婴儿才会得这种皮疹。幼儿急疹是一种伴有高烧和体力下降等症状的皮疹。连续发烧 2~3 天后，身体出现小红丘疹，一般就会被诊断为急疹。因为这类皮疹多为病毒性疾病，没有针对性的治疗药物，只能通过服用退热药来间接治疗。孩子必须独自扛过这段时间。目前，孩子患上幼儿急疹的确切原因仍然未知。

其实，大脑问题也是如此。精神疾病也是一种疾病，其患病原因复杂多样，存在遗传方面的因素。

比如，青少年期才表现出来的显性遗传基因出现问题，致使孩子的情绪调整功能出现故障。或者孩子从小就有的发育问题或情绪调节障碍方面的问题，触发了成瘾问题。再或者孩子从小性格就比较软弱，再加上环境因素（亲子间的沟通问题，来自同学的校园霸凌问题等）的叠加影响，使得心理健康方面出现问题等。确切原因比较复杂，很难下定论。不幸的是，任何人都有"机会"经历心理健康问题或患上精神疾病。如果没有明确的家族遗传病，也不是明显外伤引起的精神疾病（外力冲击造成的脑损伤），那么发病概率就十分随机了。

当孩子进入青春期，由于大脑的快速变化，使他们在"正常的大脑"和"奇怪的大脑"之间来回穿梭，导致我们很难界定他是否已经越过"奇怪的大脑"，进入了"生病的大脑"阶段。这就是为什么我们要从多个角度分析多种风险因素，而不是只看单一因素。此外，我们还需要着重关照孩子的发育不平衡问题。在这个过程中，如果孩子需要服用药物，也可以遵照医嘱适量使用。另外，通过心理治疗来纠正孩子扭曲的思想，以及通过干预周围环境来改善孩子的状况也是不错的方法。

抚养青少年子女本就不是什么简单的事。抚养一个心理健康出现问题的青少年要比普通青少年困难十倍。而心理健康出现问题的青少年指的就是因内心的痛苦，表现出行为、认知和情感障碍的孩子。如果他们的心理健康问题在青少年期就暴露出来，且被父母及时发现并尽早治疗，则有机会在成年前彻底治愈。因此，作为父母需要明确孩子在成长为一名健康的成年人时途经的重要关口，换言之，青少年期会患上哪些疾病。

如前所述，青少年期最容易出现的心理健康问题就是精神分裂症和情绪障碍（比如抑郁症）。青少年早期和中期的抑郁症发病率为 20%，而整个青春期的发病率高达 50%。有研究表明，青少年期的积极干预有助于预防抑郁症。由情绪起伏引起的双相情感障碍也是如此。我们大多认为成年人患上的双相情感障碍多开始于20 多岁，但其实这类病症是由青少年期的抑郁症发展演变而来的。无论是哪种类型的情感障碍，我们可以都可以认为精神分裂症中的 50%，以及双相情感障碍中的 40% 都开始于青少年期。

青少年精神分裂症和情绪障碍与成年人的症状略有不同，详见第三部分第五章。青少年的精神分裂症或情绪障碍可能会同时出现精神分裂症、双相情感障碍、抑郁症、焦虑症和反抗障碍等症状。在一开始，症状的区分不会特别明显（不过，考虑到遗传因素，如果存在明确的家族病史，应尽早归类为高危人群，进行集中观察），所以，没有统一的标准。但父母还是能从各种迹象发现孩子大脑的"患病信号"。以下两个标准可供参考。

第一个标准是"功能缺陷是否严重"。每个人多多少少都有过抑郁情绪。当我们压抑内心，陷入迷茫时，可能会感到焦躁不安。但如果这种焦虑情绪发展成功能缺陷（比如人际关系破裂，无法顾及正常的校园生活和学业活动，与周围成年人产生严重冲突），就极有可能是大脑发出的"患病"信号。

孩子在成长过程中难免会感受到各种情绪，不安全感、低落、沮丧和挫败感都是不可避免的，所有人都会经历这些。从未感受过这些情绪的人，才有可能是不健康的。因此，只要孩子的日常功能未见异常，即使暂时表现出不稳定的样子，也无需担心他的大脑是否生病了。

第二个标准是"它会对生长发育造成损伤吗"。如果孩子的情绪问题会造成生长发育方面的损害，父母就应该尽早干预。例如，孩子说他想减肥。随着他们对外表、明星和异性的兴趣日渐增加，会开始关注运动健身或节食减肥相关的各种信息。健康的饮食习惯对生长发育也有好处。但过度节食会造成一系列的不良后果。比如，节食导致的摄入或代谢方面的问题，远低于年龄对应的标准体重，健康指标发出预警信号等。此时，就需要父母出面干预。

如果出现上述两种功能障碍，就需要采取积极的治疗方案了。

对于持续观察孩子的父母来说，即使不提出这两个标准，他们也能很快注意到孩子身上出现的异常。表现出焦虑不安并不代表一定有问题，但可以视为一种预警信号，可以将其视为"需要更密切地观察和交流的时期"。如果孩子的情绪和行为同时发生变化，就不能单纯认为"青少年期的孩子都会这样"，而是要根据预警信号仔细思考孩子遇到的困难，并为他们制订压力管理计划或联系专家进行专业咨询。压力管理计划中可以添加一些能够帮助他们转移注意力的活动。此外，放松训练或焦虑情绪调节训练也是个不错的选择。

最后，症状的严重程度也是一个重要指标，需要父母持续关注。如果出现上述功能缺陷或发育障碍方面的问题，父母一定要果断的寻求帮助，并积极说服孩子接受专家的治疗。不要只是在心里焦虑地想着"该怎么办呢"，而后慌不择路地做出错误的选择或咨询非专业人士的意见。只有父母先放下对心理健康问题的偏见，把它当作普通的病来看待，孩子才能毫无负担地接受治疗，加快恢复速度，减少后遗症的出现。

○ 纠正思维缺陷的早期干预的必要性

青少年期，发现认知思维中的错误也能起到一定的辅助作用。这是压力管理计划提供的第一个方法。

在发生某些事情时，我们脑海中出现的一系列想法被称为"自动思考"。但有时自动出现的想法会因错误地识别当前情况而让事情变得更加糟糕。比如，在走廊你朝着迎面走来的隔壁班同学挥挥手，但对方走过时并没有给予任何回应。此时，你可能会认为自己被忽视了，甚至还会将过去发生的事情与此时的情况联系在一起，将对方的行为扩大解释为"他对我不满"，并暗自决定自己以后再也不跟他打招呼了。有时还会义愤填膺地将这件小事闹大，向周边朋友"宣传"他的"不良行为"。

其实，遇到这种情况，只需要在下次见到他的时候问一句："昨天在走廊跟你打招呼，你怎么不理我"就可以了。在这方面，男孩的想法会比较简单。这种情况下，男孩通常会说一句："什么啊！？"就忘掉这件事情了。男孩大多表示，那一刻的感受会比较糟糕，但一般不会纠结于这件事。当然，并不是说所有男孩都是这样的，只是相对来说，呈现这种倾向。

认知行为疗法是一种典型的纠正认知问题的早期干预方法。目的在于让大家了解"事件—思想—情绪"之间的关系，以便"自动思考"的方向不会走偏，同时避免歪曲的判断和假想。

如果只是暂时性的出现轻度抑郁、认知错误或被害妄想等症状，就可以将其视为青少年期的普遍问题。但是，如果这些症状的持续时间较长，严重干扰日常生活，就需要通过咨询专家进行详细检查和诊断评估后，进行进一步的治疗。持续时间较长的症状一般包括朋友间的关系破裂、成绩下降、情绪波动频繁等问题。

○ 头疼，意味着精神问题正在被治疗

在取得医生执照后不久，我曾在农村卫生所做过一段时间的医生。那是 20 世纪 90 年代，但即便在那个年代，农村也有很多人认为精神疾病是"鬼上身"。当我试图以正确的方法治疗他们时，总是会被拒绝。

我做乡村医生的那段时间，曾有位村民带着孩子来看病。他说："这孩子的叔叔，前阵子去世了，现在好像附身在他身上了。"我想了解具体情况，于是在检查后，详细询问了孩子的发育情况。结果显示，孩子患有自闭症和智力发育障碍。而患有类似发育障

碍的叔叔，前几天刚刚去世。以毫无根据的虚假迷信来诊断孩子，无疑是对孩子以及孩子家人的二次伤害。

自 21 世纪初以来，人们对儿童心理健康问题的看法发生了很大变化。现在，很少有人将儿童的认知发育、社会性发育和情感发育或心理健康方面的问题迷信的解释为"鬼上身"。

在心理健康研究与脑科学研究密切合作的过去 20 年，现代心理健康最可靠的"诊断"研究和"病因"研究（即寻找致病主要因素的相关研究），以及解决大脑结构和功能异常的"治疗"研究都在同步发展。现在，大众基本建立了"精神健康疾病与糖尿病和高血压等身体疾病并无不同"的认知。在儿童和青少年的心理健康问题方面，也有大量研究成果源源不断地涌现出来，阐明大脑发育过程的病因，证明科学治疗的效果。

目前，脑部问题可以通过脑成像和神经作用疗法找出病因，恢复其原有功能；也可以以症状为基础，通过减轻这种症状的方式来治疗脑部问题。曾经，大脑与身体之间的相互作用是一个充满未知的领域，而如今这方面的研究正在不断增加。与此同时，将大脑的构造和机能与身体的各个系统关联起来的解释方式也越来越多了。如今，有许多研究证明身体和大脑是相互作用的，比如肠道菌群与大脑发育之间的研究，激素系统与大脑结构和功能之间的研究，以及免疫细胞和神经细胞相互作用的研究等。此外，精神健康领域的治疗方法也在朝着多元化的方向发展着。

现在我们知道，及早发现和治疗可以使许多心理健康问题和发育障碍得到更好的解决。当前仍有许多孩子未能在合适的时间接受正确的干预，以至于病了很久，甚至拖到成年后发展成慢性疾病才去找医院接受治疗。每当我看到遇到这样的孩子时，都会感到非常心痛。孩子病了太久，错过了培养和发展个人能力的最佳时期。但仍有许多父母表示很难接受和承认自己的孩子存在大脑方面的问题。很多父母都不愿意让孩子接受心理健康方面的治疗。与其他疾病相比，治疗精神健康问题的门槛还是过高了。其实，越早发现就可以越早解决患病儿童的问题，让他们生活得更快乐、更健康。

现在看着有些奇怪的孩子，可能并不是生病了，只是青少年期的特点表露得有些明显罢了。希望广大父母不会因为过度担心，使亲子间筑起一道围墙。大脑会生病，心也会生病，谁都有可能生病，这没什么好丢脸的，也不是任何人的错。治疗得当的情况下，大脑的损伤是可以愈合的。所以，一定要接受治疗。如果孩子生病了，父母一定要及时注意到。生病的孩子能依靠的就只有父母了。

05 为了孩子的大脑健康应该做的事和不应该做的事

○ 请遵守"不该对子女做的事"

教育子女有一些基本原则，"不做不该做的事情"比"做据说比较好的事情"更重要。

从精神科的角度来看，青少年期是一场危机。这个时期的孩子会变得敏感叛逆，追求独立的渴求会不断攀升，但父母却对孩子提出诸如"快去学习，快去补习班，快写作业，关掉电视，少玩游戏"等各项限制指令，使得亲子间的矛盾不断加剧。

对于孩子应该完成的课业，应该鼓励或建议他尽力完成，但最好试着向孩子传达这样的信息，"我不是为了控制你，而是希望你好，才会这样做"。现在的孩子比我们小时候更聪明一些，这不仅体现在智力水平上，也表现在他们具备了从海量信息中获取所需的能力上。作为父母，可能不太明白孩子为什么会采取那些行为，但从孩子的角度来看，他们正在通过"碰壁"，提升自己的能力与极限。即使这个过程让人感到不安，也要接受这是孩子成长发育过程中不可或缺的课程。

这些指导方针同样适用于子女具有情绪障碍的父母。患有认知障碍和情绪障碍的孩子也会表现出与一般青少年相同的青春期特征。他们向父母传递的信息是一致的。如果父母不打算把自己的孩子当成婴儿一样照顾一辈子，就需要尽早为孩子的独立做准备。

另外，再叮嘱一句，父母只有承认孩子的大脑可能出现了问题，才能在孩子生病时指导他接受治疗。现在，父母仍然认为"精神问题"绝对不会出现在自己的孩子身上，哪怕孩子病了许久，需要接受治疗，父母还是不愿接受现实。如果父母只一味地纠正孩子的行为，只会引发更多的冲突和矛盾。任何人都可能遇到心理健康问题，就像没有哪个孩子没得过感冒一样，只是严重程度有所不同。

请在日常生活中自然地与孩子分享这些内容。"谁都会生病，就像身体会生病一样，大脑和内心也会生病。"如今的孩子每天都能接触到海量信息，如果他们觉察到自己可能出现了问题，会通过检索工具自行寻找答案。所以，没必要对孩子隐瞒，也不需要将其视为不可言说的秘密。只要父母能够一如既往，非常自然的对待他们，学校教育能自然解决情绪和认知发育中可能出现的问题，那么孩子也会自觉表现出积极治疗的态度，这同样可以减少同学间的偏见和歧视。

但是，如果父母对这些问题讳莫如深，或谈论心理健康方面存在问题的孩子和父母时多为负面评价，那么即使孩子的心理健康出现问题，他也会选择向父母隐瞒。在与孩子交谈时，一定要牢记"谁的大脑都有可能'生病'"，我的孩子也有可能生病。

○ 对抗压力，留一些"发呆的时间"给自己

压力管理是预防心理健康问题最重要的方法之一。

那么，压力是指什么呢？它通常表现为学业压力、工作压力或疾病压力，但实际上，学习、工作和疾病只是诱发压力的因素，而不是压力本身。压力主要指"反应"，指解决外部刺激或心理需求的过程中出现的身体反应。

给到我们的外部刺激和心理需求丰富多样。其中，有一些压力属于积极刺激，可以激励我们完成工作。这种压力是每个人都有机会经历的积极压力。然而，当外部压力或心理需求过大时，身体和内心都会感受到紧张与疲惫，这属于消极压力。我们别无选择，只能接受积极压力或消极压力。就像孩子的发育任务一样，在他们的成长过程中，每个生命周期都被赋予了需要完成的任务。这些任务可能会带来压力。

应对外部压力的最佳方案就是改变施加压力的环境，但学业压力只会越来越大。所以，当我们无法改变环境时，就要考虑如何管理它，而不是单纯思考怎么躲避它。我们的目标是引导和保护孩子的心理健康，减少患病风险。为孩子创造优良的环境，使他们在高压环境下也能感到快乐，才是最优的选择。

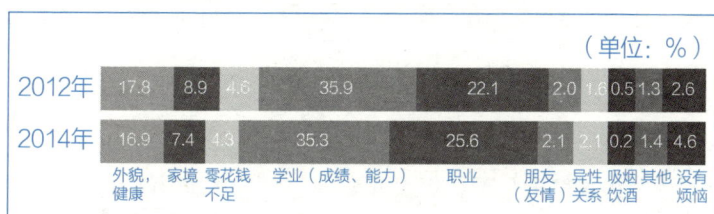

										（单位：%）
2012年	17.8	8.9	4.6	35.9	22.1	2.0	1.6	0.5	1.3	2.6
2014年	16.9	7.4	4.3	35.3	25.6	2.1	2.1	0.2	1.4	4.6
	外貌，健康	家境	零花钱不足	学业（成绩、能力）	职业	朋友（友情）	异性关系	吸烟饮酒	其他	没有烦恼

【图 4-1】韩国青少年常见的压力因素
（资料来源：2012 年、2014 年韩国统计局社会调查）

70% 的青少年承受着与成年人相似的压力。正如预期的那样，学业压力（成绩、能力）是最主要的因素，其次是对外貌和健康的焦虑，以及对同窗关系和亲子关系的担忧。

虽然压力属于一种心理因素，但会通过各种身体反应表现出来。有的孩子一到考试期间就会肚子疼，而腹痛、消化不良以及头疼都是压力引起的常见症状。父母可以思考一下自己在工作中承受压力时会表现出哪些症状，这有助于我们更好地应对孩子们的压力状态。

对压力的心理反应也具备一些比较显著的特征。比如突然而至的胸闷或心悸，必须将物品放回原位的强迫症状，过度频繁地洗手或必须先制订时间计划表才能开始学习等。此外，还有可能表现出因害怕受到负面评价，而避免出现在各类社交场合的社交焦虑症状，也有苦于焦虑的心态或无法自控的情绪导致的失眠症状。

认知压力就已经足够艰难了，而青少年期面临的压力还包括身体和情绪方面的压力。然而，人类可以很好地适应这些压力。而适应这些压力的方法之一就是调整好心态。心态，归根结底就是逻辑自洽。在面对同样的学业任务时，如果将它视为未来发展的必经之路来努力学习，就会起到积极压力的作用；但如果将其视为对未来毫无用处的无用知识来抱怨，就会变成消极压力。压力问题归根结底就是关于处理外部刺激和内部刺激时采取的态度和解释的方式相关的问题。

如果孩子看起来压力很大，那么帮助他释放身体的紧张感会比较有效。虽然，我们更建议你带着孩子进行一些简单的拉伸活动、有氧运动或力量训练，在你和孩子都比较排斥"运动"的情况下，也可以选择到户外散步。这些运动可以帮助我们放松肌肉，呼吸新鲜空气，让紧张的头脑冷静下来。

现在的孩子从小就习惯于喝含咖啡因的饮品，但从压力管理的角度来看，咖啡并不能帮助我们缓解压力。电视上也经常出现人们通过喝啤酒或烧酒来释放压力的场景，然而酒精对于缓解压力也没什么作用。含有咖啡因或酒精的饮品看似能够暂时性的转换饮用者的心情，但却是通过刺激我们的身体和大脑来让我们保持兴奋状态的。这只会让需要放松和休息的我们变得更加疲惫，同时还会放大我们焦虑不安的情绪。

好好吃饭对于缓解压力有所帮助。不妨约家人共进晚餐，一起享受一顿丰盛的佳肴。最好能够均衡饮食，烹制各类新鲜的天然食材，比如肉类、蔬菜、水果等。肉类含有的血清素和各种蔬菜水果中含有的维生素和矿物质有助于缓解压力。

腹式呼吸也是个好办法。与处理恐慌症最常见的症状"过度呼吸"时采取的方法一样，腹式呼吸是放松身体最快最简单的方法。用鼻子深深地吸气，使胃部充满空气，然后再慢慢吐气。这就是腹式呼吸，一个非常简单的呼吸方法。它适用于缓解考前的紧张情绪，也适用于缓解愤怒的情绪。当你气得想发泄一番时，只要花 30 秒的时间，慢慢地做一做腹式呼吸，就能感觉到内心变得平静了许多。

给自己留一点"发呆"的时间吧，或躺或坐，让大脑好好放松一下。什么都不去做，什么都不去想，并不代表我们在浪费时间。不仅身体需要休息，大脑也需要休息，只有大脑休息好了，才能提供更好的创意和想法。散步、腹式呼吸和冷静地审视自己的情绪，都有助于放松身心，让大脑得到充分的休息。让身心放松，好好休息一下吧。最好是以静卧的姿势，做几组腹式呼吸。

经常拉伸也是个不错的办法。我们不仅可以去徒步、爬楼梯，也可以通过普拉提等室内活动来放松紧张的身体。如果父母能与孩子一起运动，效果会更好。

最后，我们在接下来的内容中即将讨论的认知行为、积极的心态和睡眠管理也有助于缓解压力。

○ 抓住灵感

我们的大部分压力来自认知的扭曲，对特定情况的错误理解，会给我们造成不必要的压力。

青春期的大脑会变得非常聪明，想法也会变多。虽然随着复杂性的提升，做出各种判断的能力得到显著提高，但由于认知灵活度的削弱，孩子很难接受"自己的想法有可能出错"这一情况。他们很容易认为自己才是对的，其他人都是错的。因此，经常出现非黑即白的错误认知。

当孩子由于认知错误持续产生消极情绪，就需要父母提供帮助了。通常可以通过纠正他们消极的思考方式来进行改善。为了便于理解，我将以下述情况为例进行解释说明。

孩子需要按照值日生表，在放学后轮流与同组同学一起打扫卫生，但同组的同学总是一放学就不见踪影。孩子总是需要独自一人打扫卫生，即便与老师说明情况并要求换组，也一直没有获得允许，最终他还是和这个同学发生了争执。老师"不辨是非"地责骂了两个孩子。孩子回家后，愤愤不平地表示"这不公平，为什么同学犯的错，要牵连自己也一起挨批评？"对此，他表示很委屈。总觉得老师是因为不喜欢他，才会让他和那个同学组队，才会批评他。他还回忆起几天前发生的事情："几天前，我在上课时间犯困被老师点名了，从那以后我就一直担心在老师心里我是个不喜欢学习的坏孩子。"接连的负面联想，会让毫不相干的内容变成令人信服的证据。甚至可能进入"偏执"的状态。

这时，父母可以站在孩子的立场思考，与孩子沟通，暂时性的阻断扭曲的认知不断发展变化。我们理解孩子对班主任的不满，接受和安慰孩子在独自打扫卫生后，还被批评误解产生的委屈情绪。

"××，我知道你现在很难过。如果妈妈遇到这种情况，也会非常难过的。但××居然靠自己完成了所有打扫任务，真的太棒了！妈妈为你感到骄傲。同学都先回家了，只有你自己在学校的情况下还完成了任务，××真的很负责任呢！我们××做得这么好，还被老师批评和冤枉，确实会很难过呢。"

作为父母，应该站在孩子的立场安慰孩子，然后再指出他的想法中存在的谬误。

"妈妈觉得，向老师申请换组是个不错的方法。但是，根据班级规则，这种请求可能会被接受也有可能不被接受。再过几天就要重新排值日生表了，可能老师希望你可以再耐心等一等。不过，你能想到这么棒的解决方案，妈妈还是觉得好自豪啊！"

请帮助孩子摆正心态，不要被错误的情绪左右。

"你觉得老师是因为讨厌你才把你和那个同学放在同一组？这样的想法是不是有些过分呢？还记得上次老师把你的名字写在'好人好事榜'上的事情吗？我能理解你是因为被老师批评了，觉得有些难过，才会胡思乱想。但仔细想一想，老师是真的讨厌你才会这样吗？难过归难过，可不能这么想啊。"

认知行为疗法是一种纠正思考模式的方法，是心理健康科中可以应用于各种疾病的基本疗法。如果思考模式出现问题，就有可能导致被害妄想或悲观情绪，最终发展成自卑心理和抑郁症。因此，客观积极的思维训练，对心理健康非常重要。通过这种训练，孩子能够客观地解释遇到的情况，接受现实，不歪曲事实。如果在此基础上，能够训练孩子应对问题的能力和提出解决方案的意识，对于提升孩子的接受能力和敏感度都会有所帮助。

如果父母自己习惯于消极思考，那么当他要求孩子积极客观的考虑事情时，孩子会听取他的意见吗？父母需要在日常生活中向孩子传达积极的思考方式。无论是有意的还是无意间，家庭成员对彼此的影响都非常大。特别是，孩子会在不知不觉间模仿父母的行为。所以，父母应该自己先做到想让孩子做的事。思维训练也应由父母先行尝试。孩子并非不愿听从父母的管教，只是他们更善于模仿父母的行为和观念。

○ 确保孩子拥有充足的睡眠时间

青少年期，有几个重要的指标可以用来判断孩子的身心健康与否，那就是性、睡眠和运动。青少年期的睡眠是成年后的心理健康晴雨表。每个人都应该保证自己拥有规律的睡眠习惯。如果青少年期因为睡眠不足导致生物钟紊乱，这种情况会持续到成年期。如果没有干预，青少年期形成的生物钟会影响一个人的一生。

"只要学不死，就往死里学。"这是我见过的最不人道的广告宣传语之一。这是几年前我在一个私立学院的班车上看到的。作为儿童的大脑和情绪发育相关领域的研究人员，对于这种明确要求孩子牺牲睡眠的口号着实震惊不已。一想到有多少学生和家长会被这句话所误导，形成错误认知，我就觉得非常心痛。

学生总觉得"睡眠"属于微不足道的小事。只要牺牲睡眠时间来努力学习，就会被所有人表扬。而这种表扬会给孩子带来一种自我满足感。但其实持续的"缺觉"对身体来说就相当于"负债"。不仅会让人感到一时的疲倦，还会慢慢"夺走"运行大脑所需的能量。再加上很多人会为了避免自己犯困，服用含有各种兴奋剂的饮料。在兴奋剂的影响下，哪怕想要好好睡觉，也无法正常休息。

你可能听说过适合各年龄段的最佳睡眠时间表。1 岁前的婴儿需要睡满 14~15 小时，3 岁前要睡够 12~14 小时，6 岁前是 11~13 小时，小学生为 10~11 小时，而青少年则需要睡 9~10 小时。在孩子的婴幼儿期，父母还是会尽量确保孩子拥有充足的睡眠时间。可能是因为曾经听说过，睡眠不足会影响孩子的发育。然而，随着孩子进入学龄期，尤其是在孩子 10 多岁的时候，学习成绩变得比睡眠更加重要。所以，父母之间就会自然而然地产生一种较为默契的认知，那就是为了完成各项课业，减少睡眠是件理所当然的事情。即使他们对这个年龄段的最佳睡眠时间有所耳闻，也会置若罔闻，认为这是个不可能达成的"美丽传说"。

虽然孩子的睡眠时间减少了，但只要提高睡眠质量不就好了？"睡眠习惯"强调的不只是"睡眠"本身的重要性，还有通过入睡和醒来的循环产生的昼夜节律。我们的身体里藏着一个看不见的时钟。就像地球自转产生了白天和黑夜，一天以 24 小时为限不断循环往复着。我们的身体也适应于昼夜交替。除了昼出夜伏外，身体的生理周期和代谢活动，包括激素分泌在内，都被精心"设计"过，而这就叫"生物节律"。如果我们没有按照生物节律来工作和生活，那么原本精准的生物钟就会被打乱，会导致身体状况的恶化和压力的日渐增大。睡眠严重不足的情况，还会诱发各种疾病。

只有良好的睡眠习惯，才能形成良好的生物节律，即孩子的身体和大脑的状态得到较好调整。反之，为了促进孩子身体和大脑的发育，我们需要遵循适宜的睡眠节奏。睡眠不仅对开始养成睡眠习惯的婴幼儿很重要，对所有全年龄段的人都十分重要，包括青少年和成年人。因为它是刻在我们身上的"时钟"。如果我们无视"时钟"的存在，就有可能引发各种问题。

一定要让成长中的 10 多岁孩子养成健康规律的睡眠习惯。当孩子想多玩一会儿，延迟就寝时间时，当孩子的课业压力增加，减少睡眠时间时，孩子的生理节律就会出现紊乱。如果这种情况反复出现，就会形成不良的"睡眠习惯"。为了变得更聪明而减少睡眠以留出更多时间来学习的行为反而会抑制智力发育。

大家可能都知道成年人会因为长期的过度疲劳导致体力下降。但其实，青少年睡眠不足问题所导致的后果更严重。它不仅不利于身体发育，对大脑发育也非常不利。随着免疫力下降，会增加患病风险和事故风险。青少年本就处于敏感时期，睡眠不足会扩大孩子的烦躁情绪，还会损害他们的注意力和记忆力。最终，呈现出学习能力下降的结果。与其将大量时间精力花费在课外补习上，通过熬夜延长学习时间，不如通过适当的睡眠来优化身体和大脑方面的功能。不论是成本投入方面，还是效率方面，后者都优于前者。

各项研究结果非常一致，均表明从长远来看睡眠问题会导致大脑发育缺陷。正如我们之前详细讨论过的，大脑发育在婴幼儿期、少儿期和青少年期表现得非常活跃。然而，这些大脑修剪和突触连接活动都在睡眠时间最为活跃。比起"醒来时进行的各项活动"，大脑在睡眠时间只需要整理突触，准备回路，就可以好好休息了。

然而，如果睡眠时间不足，就会使休息过程减少，这不仅会对突触造成损伤，还会使清醒时的大脑活动萎缩。研究还表明，减少睡眠时间会对神经网络造成损伤。而神经网络对大脑结构和功能至关重要。此外，还有一项实验证实了睡眠不足对动物的影响，该结果显示成长过程中睡眠不足的动物的大脑中用于传递信息的重要突触严重受损。

睡眠时间也会影响情绪发育。睡眠时间是诊断抑郁症等症状的最基本标准。抑郁症会引发睡眠障碍，通常表现为入睡困难、早醒和睡眠较浅难以再次入睡等。由于睡眠时间的减少，抑郁症的症状可能会加重，而抑郁症的加重也会导致睡眠时间越来越少。这都是相互影响的。双相情感障碍和多动症的睡眠需要也会减少。因此，睡眠时间和睡眠质量成为早期判别心理健康问题的重要指标。无论是轻度焦虑还是抑郁问题，睡眠问题都属于心理健康问题的范畴，应该引起重视。通过减少睡眠时间来增加学习时长不仅会损害大脑发育，还会影响情绪的稳定性。

为了保证孩子养成健康的睡眠习惯，请在孩子进入学龄期前就尽力安排睡眠时间表。除了要在规定的时间范围内入睡和醒来外，睡觉前还应避免观看刺激性的故事或电视节目，这样才能保证良好的睡眠质量。此外，入睡前收看电视节目或上网玩游戏的习惯，也会使大脑难以进入睡眠状态。它会阻止我们进入深度睡眠，还会阻碍那些应该在睡眠时间完成的发育任务。到了这个阶段，我们必须去除造成睡眠障碍的各项因素。

比如，避免在晚上喝咖啡和含咖啡因的软饮。设置固定的就寝时间，睡前可以与孩子稍微闲聊几句。通过轻轻挤压手臂和腿部做一些拉伸运动来放松身体也是个不错的选择。此外，我还建议父母可以让孩子做一做腹式呼吸。当然，睡眠环境也要保持安静与舒适。

有时，大家可能会因为睡眠问题服用一些药物。对此，我并不建议大家服用安眠类药物，因为这会造成心理上的药物依赖。

实际上，青少年的睡眠问题中最严重的当属兴奋剂的服用问题，而非安眠类药物。青少年正处于相对多觉的时期。但青少年渴望成为一个成年人，所以他们会在夜晚尽量保持清醒。因为他们觉得熬夜是成年人的象征。

睡眠和精力同样充足的青少年不需要服用安眠药。如果孩子经常失眠且已经到了需要服用安眠药的程度，那么建议你仔细检查一下，孩子是不是由于消极想法的积累，导致抑郁情绪和压力指数的攀升。如果确实属于上述情况，就不应该让孩子继续服用安眠药。抑郁症引起的失眠需要服用抗抑郁药。在这种情况下，睡眠问题只是抑郁症的一个症状，我们需要进行根源上的治疗。

不要将服用药物作为增强特定功能的手段。不应该为了"变聪明"或"睡得好"等改善日常功能的目的去服用药物，使用药物的目的应该是治疗或矫正。当我们患有严重睡眠障碍时，可以在咨询专家后服用安眠药作为治疗手段。但如果只是将安眠药作为暂时缓解入睡困难等睡眠功能问题的方法，很可能会引发上瘾风险。另外，对发育也会造成不良影响。如前所述，睡眠障碍是对心理健康产生负面影响的主要诱因，因此，如果孩子正被睡眠问题所困扰，那么一定不能掉以轻心。

制订青少年睡眠活动计划表不是让我们为孩子睡得好去添加一些东西，而是要去阻断那些影响睡眠时间和质量的因素。一般情况下，只要白天不打盹，进行适量活动，睡眠质量就会有所提高。青少年期应该是睡眠质量最好的时期。假期的熬夜和睡懒觉也会打破生活节奏。晚上一定要按时睡觉，早上可以起来晒晒太阳，活动活动身体。这是我们应该保持的最基本的生活节奏。

　　睡眠并不是人类活动中比较次要或非必要的部分，也不单纯是休息、偷懒的时间。通过睡眠，我们的大脑会去整理白天受到的各种刺激，储存重要的记忆，抹去不必要的情绪、想法和记忆。此外，孩子的大脑会在这段时间发育，如果您希望孩子的情绪、认知和社交功能可以均衡发展，那就"保护"好孩子的睡眠时间和环境吧。

○ 孩子的性教育要交给专业的人去做

　　我希望父母不要认为自己承担着青少年性教育的责任。

　　目前，青少年对异性产生好奇的年龄呈低龄化趋势。但对父母来说，孩子的性教育也成了他们最困难的任务。

　　性教育非常重要。因为孩子对性主体性的自我决定权，与自我认同以及自尊自爱有关，判断能力较弱的孩子可能会因为性问题遭遇困境。受过性剥削的孩子中，绝大多数都是被他人挖掘情感脆弱的区域进而加以利用的。随着社交网络的发展而产生的新型聊天工具（如随机聊天）也给情绪脆弱的孩子以及被孤立忽视的孩子带来极大风险。

　　青少年期属于社会需求极为强烈的时期。孩子在情绪脆弱的时候，很可能无法客观辨识出怀揣恶意或别有用心的人，这就是为什么现在出现如此多的引诱性犯罪。一开始伪装成好人与孩子沟通交流，然后当孩子认为彼此的关系足够亲密时，巧妙的通过心理驯服方式发生性行为。

　　保守的家庭通常会完全阻断孩子获取任何性知识的途径，甚至连最基本、最必要的性教育视频都是如此。当父母看到海外的性教育视频一定会非常震惊，也会更加警惕。但是，如果按照父母过去接受的方式对现在的青少年进行性教育，孩子不仅不会理会，甚至还有可能挑起他们的叛逆心。

　　性教育不是对性本身的描述，也不仅仅是传授与性相关的知识，而应该是传递正确观念的过程，比如性主体性与决策权应该赋予个人，性关系应该是民主的。这是一种避免孩子成为性问题的受害者以及施害者的教育。这就是为什么在海外，从孩子很小的时候就会根据他的发育状态和理解水平提供量身定制的性教育课程。我认为这种方式反而有助于培养孩子健康的性自我认同。它遵循的理念就是，公开孩子曾偷偷接触的信息，让他们尽情分享自己的想法，这样我们才有机会引导他们朝着正确的方向前进。

　　性教育不一定非要由父母来承担。因为每个人的性价值取向有可能存在较大差异，每个家庭的丈夫和妻子也都不一样。夫妻关系可能很融洽，也有可能并不和谐。所以，我认为与其让父母承担性教育的重任，不如将这个揭示矛盾且微妙情况的问题交给专家来解决。

　　需要强调的是，这部分应该在公共教育课程中分阶段进行。应该像语文和英语课程一样，开发出一系列被广泛认可且十分优质的性教育课程内容，从幼儿园和托儿所的幼儿性教育，到小学、初中和高中，不断更新教育内容。如果觉得公共教育中的性教育还有欠缺之处，也可以积极参与公众信任的社会或公民团体的专家们开展的项目。

只是，青少年期发生的各种身体变化和性变化还需要父母给予适当的帮助。儿子可能需要来自父亲的帮助，而女儿则比较需要母亲的帮助。虽然很多人都会感到害羞，但如果孩子愿意，也可以与他针对性地进行讨论。

当孩子产生性问题时，他们会下意识与父母保持距离，或试图逃避父母。这个时候，就需要父母更加密切关注孩子了。观察孩子并识别可疑信号，例如与陌生成年人的多次通话、社交媒体上看不懂的约会以及在外饮酒或醉酒等。如果孩子已经处于真正的危险阶段，父母应该了解该如何通过"治疗 → 咨询 → 联系相关救助保护机构"来保护自己的孩子。

在性教育方面，父母的作用主要体现在照顾孩子，满足他的情感需求，以及避免他陷入危险境地等，而非传授专业知识。

○ 让青少年子女为自己的选择负责

给孩子选择的权利就是尊重孩子。我们可以就孩子提出的选择和父母提出的选择进行多番讨论，但最终要做出决定的还是孩子。当然，随之而来的责任和结果也请让孩子自己承担。并不是为了让孩子体验生活的苦，好让他意识到自己的错误，而是为了让他意识到一旦开始就要完成。如果选择是开始，那么责任就是结束。

在帮助孩子获得自我主导性和自我认同感的青少年期，我强烈建议父母让孩子参与到学习方法、职业目标和性管理的讨论中，同时也要在决策过程中听取孩子的意见。因为，能够鼓励孩子自愿自发的产生"我想做"（动机）的最好的办法就是"选择权"。

忠于现在意味着接受当前情况，包括积极的方面和消极的方面。沉湎过去是不好的，但只着眼未来，忽视当前的危机和冲突也是不好的。忠于当下，专注于现实，才更有利于孩子的心理成长和发育。

很多父母都比较善于为孩子提供多种选择，但往往都不是很擅长让孩子自己为结果负责。因为，父母大多不愿，也不忍心看孩子受苦。例如，当孩子说自己想要转到 A 校时，家长应该就转学问题与孩子进行充分讨论。可以与孩子讨论转学的必要性，是不是因为校友关系或师生关系存在问题才想转学，以及转学是否有必要并有助于解决当前的问题等。经过讨论后，认为孩子的话是有道理的，就可以考虑为孩子转学。但如果孩子在转学不到一个月的时间里，想要再次转学该怎么办呢？这时候，就可以以向孩子建议，"爸爸妈妈尊重你的选择，才让你转学的。我们前不久刚换过一次学校，是不是可以坚持一个学期再做打算呢？"如果这个选择是由父母做出的，在孩子面临困境的时候，很可能会埋怨父母。但是，如果是孩子自己的选择导致遭遇难题，就可以鼓励孩子履行自己的责任。不能只给出结果而不让孩子做选择，也不能只提供选择却不让孩子承担相应的责任与后果。

一定要让孩子对自己做出的选择负责，即使这个选择所对应的结果有些棘手。因为担心孩子会遇到困难而提前扫清障碍并给出解决方案的行为并不是为他好，反而会害了他。作为父母，我们可以鼓励遇到难题的孩子，但提前帮他去除一切障碍，让他走在轻松无阻的路上，反倒会让他的未来之路变得坎坷。

关于选择和责任，最好从小事做起。日常生活中，我们面临的选择比想象的要多得多。每天的餐食清单、睡眠时间、休闲时间、玩耍、约会、散步的地点、穿搭、旅行目的地等日常生活中的一切都是"选择"。一定要向孩子"释放权限"，让孩子参与上述活动的选择。这样，孩子才能进行"选择"和"对自己的选择负责"的练习。

青少年的社交经验不足，因此很可能会做出一些以自我为中心的幼稚判断，但他们的精力、活力和执行力都远超成年人。"选择"带来的成就感，可以让孩子感受到自信，产生内在动力。而这种内在动力能够驱使他们做出理智的选择，并为了取得较好成果而努力坚持。所以，请赋予孩子这种内在动力吧。

当孩子能够坦然接受自己做出的选择所带来的结果时，才算真正成长为一个成熟健全的成年人，一个懂得经过深思熟虑再做出决定的，能够为自己的决定负责的成年人。

○ 成为朋友一样的父母，但也要保持权威

有的父母被孩子"拿捏"得死死的。明明是孩子应该做的事情，还得求着他做。"像朋友一样的亲子关系"并不意味着要放弃作为父母的权威，而是和孩子保持亲切友好的关系，能和孩子友好沟通。

社会存在规则和秩序。我们之所以要遵守规则和秩序，不仅是为了给彼此以方便，也是为了让孩子生活在安全良好的环境中。学习规则和秩序的第一空间就是家庭，而约束孩子遵守规则和秩序的人应该是父母。

约束太多可能是个问题，但太少也会是个问题。因为约束太少就相当于忽视和放任。忽视可以说是虐待的一种形式，属于没有尽到父母应尽的责任。没有哪个孩子会喜欢忽视自己的父母。哪怕起初认为自由真好，到了后面也会逐渐意识到那是父母对自己的不关心和不在乎。即便是 10 多岁的青少年，也会觉得一定限度的约束和规则会让他们感到更舒服自在。

当孩子整宿都在玩游戏时，父母并没有给予任何关注，此时的孩子会很开心吗？他们或许会开心几天，但奇怪的是，长此以往会让他们感到不安，甚至，会让他们的心理状况开始恶化。当然，恶化的原因不在于游戏本身，而是因为缺乏父母关爱的他们会感到不安。但是，如果家长在与孩子商量后，将游戏时间调整为每天 30 分钟或 1 小时会怎样呢？此时，孩子可能会因为游戏时

间不充分而感到坐立不安，但这对他们心理健康却会产生正向效果，尤其是对控制能力。除此之外，他们还会觉得内心充盈（有被爱的感觉），也会更加尊重父母。设定适当的限制不是为了给孩子施加不适感，而是为了守护他们的安全和健康，帮助他们培养自控能力，使他们逐渐成长为一个健康的成年人。

如果父母想要制定规则和限制，就一定要有权威。在孩子不听父母建议的情况下，任何限制和约束都毫无作用。那么，父母应该怎样获取权威呢？让孩子害怕，或殴打孩子的父母才是有权威的父母吗？当然不是。父母的权威是靠自己树立的。行事沉稳，对孩子提出的要求，自己也要做到；坚守和孩子的约定，不要在孩子面前做出让人鄙夷或羞耻的行为。

这并不意味着为人父母不能犯任何错误。只是提醒父母不要一边生气破口大骂、砸东西，一边还要求孩子做到情绪稳定，说话轻声细语。孩子是有逻辑的，他们非常善于捕捉父母的言行不一和不当行为。当父母没有意识到自己的问题，还对孩子指指点点时，就会激发他们的叛逆心理。这类父母说的话还有什么权威可言呢？

慈爱的父母也是如此。你可能在育儿书籍中看到过许多例子，对孩子一定要坚持"不行就是不行"。对"不行"的态度一定要保持一致。"这次就算了，下次不可以这样。"这种例外情况只要出现一两次，孩子就会在下次也要求采取这种"例外处理方式"。当例外变多，孩子们就会产生困惑。不妨对比一下您在孩子 3、4 岁时对他采取的管教方式和我们在前文中提过的管教规则，看看之间的差别。生气和责骂不是管教，告诉孩子"不行就是不行"，并要求他们遵守，才是管教。

○ 不要随意评判，更不要横加指责

看到 10 多岁的孩子对父母生气的样子。你会有什么想法呢？

"真没礼貌。不会是交了什么狐朋狗友了吧？"

"还是被什么奇怪的视频影响了？"

"或者是遗传自爸爸的坏毛病？"

这些想法都属于"评判"，都是在对不确定的情况指指点点的行为。在"评判"前，首先应该成为一个观察者，客观看待情况。当我们不对不确定的情况指指点点或随意评判时，孩子就能专注去感受当自己处于愤怒状态时的情绪状态是怎样的。

"我刚刚为什么生气了？发生了什么？我在想什么？现在的感觉如何？"

停止"评判"，减少不必要的解释，就能减少负面情绪的发生。这样会让我们更容易接受这种情况，不会因为责备孩子而破坏亲子关系，还能留出沟通交流的空间。

对自己和他人的情况的评判，对自己和他人的行为的批判，以及对情况的悲观看法会引起愤怒、沮丧和内疚感，并加剧这种情绪。请停止混合着批评和指责的"评判"，请坦然接受孩子原本的样子。

即使下定决心"不要妄加评判"，在开始的时候也不容易做到。因为从前的想法会在我们的潜意识中自动生成。此时，不妨像树懒一样放慢思考速度，延长匆匆产生的即时性情绪反应，站在孩子的立场上感受他们的情绪，慢慢观察，同时花点时间好好思考。"快一点"不仅影响着我们的行为，还刻进了我们的思想中，所以我们的思考节奏总是非常快。我们总是忙于思考下一步该做什么，当那个计划或想法没能按时完成，就会觉得压力很大。慢慢延长思考时间，有助于增加理性思考的时间。这是基于大脑的工作模式形成的。从观察者的角度来看，我们能够获得更多时间来考虑现实性的建议。当决定性的事情来临时，不妨"像树懒一样思考！"慢慢思考，再看看情况。

与孩子交流的方式也是如此。不要批判性地"评判"，而是要像观察者一样交流。不要任意"评判"孩子喜欢的人或朋友，很多家长会在孩子谈论自己的好朋友时，从父母的角度出发根据成年人的标准任意评判孩子的朋友，比如朋友的父母是怎样的人，朋友的成绩如何等。然后，果断表示，"他还挺一般的""他看着不像个好孩子"，甚至说出"不要和他一起玩"。此时，孩子会不会听父母的话，远离这个朋友呢？当然不会。反而，他们会选择远离父母。不仅会在自己和父母之间筑起一道围墙，还会确定以后再也不跟父母谈论朋友相关话题的想法。这是父母采取不恰当举措将沟通变为阻碍的例子之一。

青春期特征的一个重要部分是同龄人关系。朋友对孩子来说很重要，所以他们希望自己能够成为同龄人中非常重要的存在，也会认为有一个能够吐露心声的挚友是非常重要的事情。他们会觉得自己的世界是围绕着友谊运转的。因此，当他们遭遇校园暴力或校园霸凌时，受到的伤害会比其他任何时期更加强烈，持续时间也更长。

对于这个阶段的孩子来说，如果父母讨厌自己的朋友，他们会更倾向于向着朋友。因为他们觉得父母的观点是不合理的。而当他们不认同父母的观点，或不确定父母想要表达的意思时，通常会选择沉默并坚持自己的想法，而不是试图说服父母。

我认为近些年来青少年的心理健康状况呈现恶化趋势的原因之一在于亲子关系的恶化。还有一点是因为朋友间的关系与过去有所不同。因为学习时长（学校课程与培训班课程）的增加，孩子与朋友相处的时间大大缩减了。在这个友谊变得格外重要的时期，社会关系的形成与自我发现的时期，建立关系的机会大大减少意味着孩子会变得越来越"丧"。与此同时，孩子对父母的不满也会越积越多。所以，做一名"当孩子想要与朋友共度时光时，慨然应允的父母""当孩子自在地表达自己对友谊的想法时，欣然接受的父母"吧。

有时，父母会为了改善亲子关系，和孩子一起观看他最喜欢的明星出演的综艺节目。但当父母指着那个明星说"他有什么好的？你喜欢他什么？"时，会产生什么结果呢？孩子会不想和父母说话。"那个有意思吗？一点都好看。"这种对话方式并不恰当。不要试图评判孩子喜欢的明星，只要说出自己喜欢谁就可以了。"我喜欢那个团体中的那个人。他的风格还蛮吸引我的。"这些对话可以消除父母与孩子之间的距离感，让孩子感到更加亲切。

当你想要亲近孩子时，一定不要随意评判或批评孩子本人、他的行为或他喜欢的对象。

○ 不带偏见地参与孩子的日常生活

如果你是我们在前文中介绍的那种"不会做不应该做的事情的父母"，那么我这里有一种方法推荐给您，可以让亲子关系变得更加亲密。这个方法就是，参与孩子的日常生活，一起体验他喜欢做的事情。但有一个前提，那就是"不带偏见"。它可以是运动，可以是游戏，可以是去 KTV 唱歌或去游乐园玩耍，也可以是观看音乐节目或 YouTube 视频。把自己当作孩子的同龄人，试着以朋友的身份与孩子共度时光吧。

有什么感到疑惑的事情，也可以问一问他们。孩子可能会取笑道："爸爸（妈妈）连这个都不知道吗？"孩子跟父母开这种玩笑是因为他们觉得现在的氛围特别轻松，就像跟朋友们在一起一样。有什么不明白的事情，也可以问一问孩子。在他们向父母讲解时，也会感受到自己与父母越来越亲近。不论是哪种体验，哪种方式，一定不要带有偏见，要好好享受这种新的经历。

在父母积极参与孩子喜欢的活动后，孩子也会开始想要加入父母喜欢的活动。因为孩子也知道父母在为拉近彼此的距离而努力着，所以他们也会想要为了父母而努力一把。

父母可以与孩子一起参加一些文艺活动，如听讲座、音乐剧或音乐会。如果在这个过程中孩子一直嘟嘟囔囔抱怨着什么，也不要感到太难过。我们可以向孩子表示感谢，感谢他能够花时间陪自己参加这类活动，并体面结束这次活动。

随着这些经验的积累，父母也会觉得自己的孩子"像朋友一样"。一直站在监护人的立场上，会认为教导和照顾才是培养孩子应该做的事情。而随着与孩子分享的事物增多，父母也能渐渐地以平等的眼光看待孩子。与此同时，孩子也会觉得父母像朋友一样亲近。这是拉近父母和10多岁孩子之间距离，建立依恋关系的方法之一。

当孩子到了10多岁时，他们与父母建立起来的"依恋关系"，自带的独特"性格"，以及检验父母教育成果的"独立"都赤裸裸地呈现了出来。而本书通篇都在围绕着上述话题讲述与分析。即使是为了履行父母"培养、教育、管教"的职责，也应该努力拉近亲子间的距离，特别是为了好好"培养"青少年期的孩子，父母需要付出更多的时间和精力。

另外，希望大家在日常生活中多花点心思去读懂孩子的想法。

"和家人一起做过的最难忘的事情是什么？或者分享一下最难过的事情也可以。"

"妈妈有没有说过哪些伤害你的话呢？或者有什么特别讨厌的事情吗？如果有的话，可以告诉我哦。"

可以通过这些问题展开对话，找机会研究一下孩子的内心是否存在哪些鲜为人知的伤口。这也可以成为父母从客观的角度观察孩子的依恋关系、独立程度和气质的机会。也许很多父母都不愿承认自己的"培养、教育和管教"方式存在缺陷。但孩子也是纠结了许久才愿意袒露内心的，所以请试着以比较轻松的方式接受他们，不要给他们任何负面反馈。如果需要道歉，就请真诚地道歉。这样孩子也能获得力量，可以更轻松地面对内心的创伤。

10 多岁正是最美好的时期。10 多岁的大脑正发生着剧烈变化，蕴含无限潜力。他们会开始挑战自己从未尝试过的事情，也会时常表现出让人感到陌生或奇怪的行为。所以，每当我看到 10 多岁的孩子时，就会联想到他蹒跚学步的样子。那个对世间万物都怀着好奇心，总是喊着"我来！我来！"的孩子，以惊人的速度成长着，总是积极探索身边事物的孩子，和现在的样子应该很像吧。当然，事实也是如此，青少年的大脑和那时候一样努力地发育着，为了成为一个了不起的成年人，正努力着。所以，作为父母，我们也应该怀着当年孩子蹒跚学步时为他加油打气的心情，相信他们，默默支持他们。

也许，偶尔会怀疑孩子的内心或者大脑是否受到了伤害。但伤口是可以治愈的。在孩子受伤时，请毫不犹豫地拥抱他们吧。就像当年他蹒跚学步时不小心跌倒后，哭唧唧看着妈妈时给予的拥抱和安慰一样，我们也可以紧紧地抱住已经长大的孩子，带给他温暖的怀抱。